元証券マンが教える 利回り18.5%を実現する 米国債投資

Former Professional Stock Trader Teaches
"Investing in U.S. Treasuries to Achieve a Yield of 18.5%"

ようへい
ファイナンシャルプランナー・
個人投資家

KADOKAWA

年利18.5%も実現!?

1分で分かる 米国債投資の儲け方

みなさんは、「米国債券投資」にどんなイメージを思い浮かべますか?

◎いわゆる「守り」の投資
◎手堅いけど実入りが少ない
◎取り合えずポートフォリオに組み入れておくもの

そんな印象を受けるかもしれません。はっきりお伝えしておきましょう。

「もったいない!」

Vanguard Extended Duration ETF

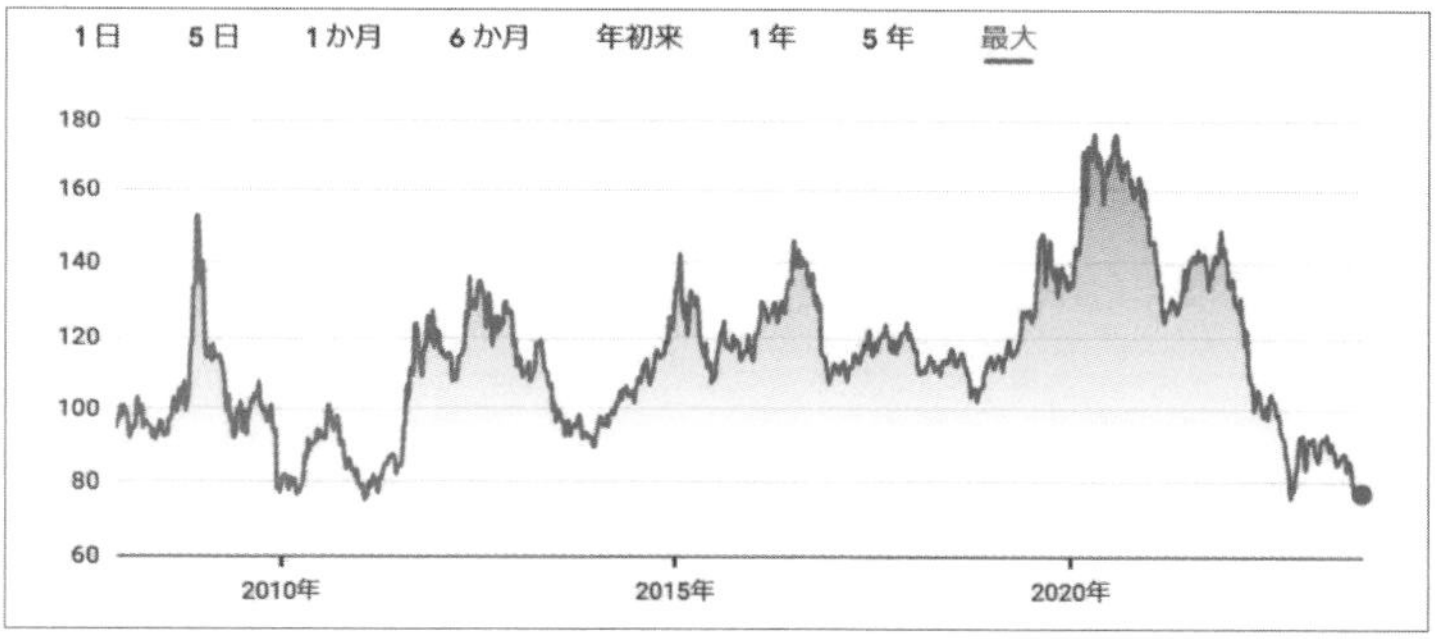

引用：Google Finance NYSEARCA: EDV

まずは上記の図をご覧ください。これは、米国債券の代表的なＥＴＦの一つ「バンガード超長期米国債ＥＴＦ」（ＥＤＶ）の２０２３年９月から過去約15年間のチャートです。

このＥＴＦ自体は、楽天証券やＳＢＩ証券などで誰でも一口１万円程度で購入できます（２０２３年９月現在）。

見ての通り、過去約15年で見ても下落していることがわかります。投資を普段されている方はこう思われるはずです。

「あれ、これって買い時なのでは」

その通りです。

なぜ、これほど債券の相場が下落しているのかは本書で後ほど詳しく説明しますが、

要するに下がった時に買えば儲かるのです。

「あれ……債券投資って償還日まで決められた金額でクーポンを貰い続ける投資だよね？」

もちろん、そのような投資も可能です。

高配当投資のように、**債券投資は年利おおむね「3％〜7％」のクーポンが自動的に懐に入っていきます。**さらに、債券ＥＴＦであれば、多くの日本株の高配当銘柄よりも少ない元手で投資商品を買うことができるのです。

その一方で、債券は株式投資と同じく、償還日まで保有せずに途中で売却して**売却益を稼ぐことも可能**なのです！

米国債 10 年利回りと米国債価格

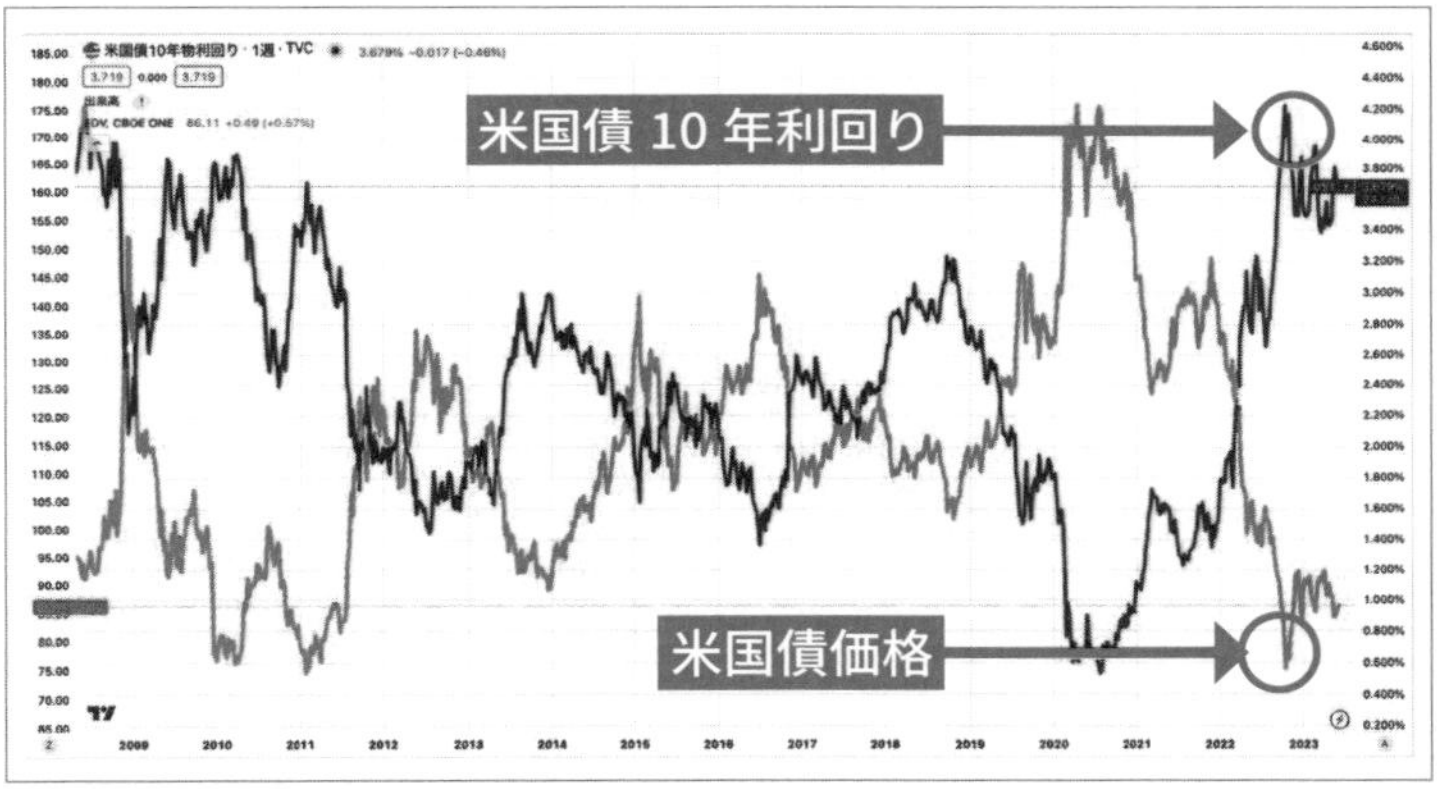

本書のテーマである米国債投資のメリットを端的に説明すると次の通りです。

①世界で最も安全な資産
②定期収入を得られる（インカムゲイン）
③売却益を得られる（キャピタルゲイン）

上記の図の通り、債券相場において、「債券価格」と「金利」は逆相関の関係にあり、インフレ下など金利が高い局面では、債券の価格は下落します。

つまり、高金利で債券価格が下がっている時期に債券を購入しておけば、安定

的に利息を受け取りながら、やがて金利が下がり、債券価格が上がったタイミングで売却益を得ることも可能なのです。仮に金利が低下しなくても高利回りの状態で資産をロックできる、まさに**「攻め」と「守り」の両方を兼ねた投資手法**といえます。

最後に具体的にどれくらいの利回りが期待できるのかシミュレーションをしてみましょう。

仮に米国10年債利回りが3・681%の時に、「バンガード超長期米国債ETF」を86ドルで購入した場合、利回りは次の通りです。

2023年10月現在は、中央銀行は金利を上げることでインフレを抑え込もうとしています。中央銀行は、思惑通りインフレ抑制の目途が立てば、今度は「利下げ」を開始します。

中央銀行が利下げに転じると、米国10年債利回りも下がっていくはずであり、仮にそれが2・5%まで下がった場合、このETFの想定価格は113ドルと

各金利水準の時のEDV利回り

金利水準	購入価格	想定価格	上昇率	分配金利回り	1年間の利回り	2年間の利回り
2.5%	86	113	約31%	3.1%／年	**34%／年**	**18.5%／年**
2.0%	86	124	約44%	3.1%／年	**47%／年**	**25%／年**
1.5%	86	129	約50%	3.1%／年	**53%／年**	**28%／年**
1.0%	86	152	約77%	3.1%／年	**80%／年**	**41.5%／年**
0.5%	86	175	約100%	3.1%／年	**103%／年**	**53%／年**

米国10年債利回り＝3.681％（金利水準）　EDV価格＝86ドル（購入価格）

なります。その場合、2年間の利回りは、**なんと18・5％に達します。**さらに、1・5％まで下がった場合、理論上は1年で資産を1・5倍にすることが可能です。

もちろん、金利が上昇を続ける可能性もゼロではありません。しかし、仮に金利が上昇し、債券価格が下落したとしても、個別債券であれば、利回りを高い水準でロックすることができます。

本書を最後まで読めば、多くの投資初心者の方が見落としている、米国債券の投資妙味が分かるでしょう。

CONTENTS

第2章

利息&売却益で2度おいしい！　本当は儲かる債券投資

第3章

ETFなら超手軽！ 米国債を実際に買ってみよう

第4章

金利上昇時の長期債を狙え！ 米国債売買のタイミング

第5章

雪だるま式に資産増加！　インカムゲインの再投資

【スタッフ】
本文デザイン　松岡羽
装丁デザイン　菊池祐
編集補助　北原拓実
校　正　西岡亜希子

第1章

資産形成「基本のキ」！
収支管理とゴールの見定め

1-1

資産形成の第一歩は　お金の流れを「見える化」すること

まずは、お金の流れを「見える化」することが大切

資産形成（資産運用）をしていくうえで重要なのが、**自分の資産状況や日々の収支をキチンと把握すること**です。

収入と比較して支出がどのくらいあるのか、自分の資産がどうなっているのかを把握していないと、

- **実は支出の方が多かった**
- **無駄なコストが発生していた**

などに気が付かず、資産が思ったよりも増えないというケースもあります。

資産を増やしていくためには、まず自分のお金の流れを「見える化」し、どの部分の支出が多くて資産形成の欠点になっているのかを洗い出しながら、改善していくことが大切

です。

そして、「見える化」することで、改善した際に一番メリット（インパクト）が大きい部分も分かるようになります。

「見える化」と聞くと難しそうなイメージがあるかもしれませんが、**要するに「自分の収入がどのくらいで、何にお金を使って、支出がいくらあって、資産はどれくらいで、どのような形で保有しているのか」を把握するということ**です。

支出や資産を把握すると聞くと、「家計簿をつける」ことが頭に浮かぶかもしれません。しかし、ここで紹介するお金の見える化とは家計簿よりも一段階上の概念で、**個人のP／L（損益計算書）とB／S（貸借対照表）を作成して資産を管理する**ということです。資産管理の現場では、この方法を「バランスシートアプローチ」と呼ぶこともあります。

P／LとB／Sは企業の会計を表す際に使う財務諸表です。財務諸表とは、企業の財政状態や経営成績などのお金の流れを表した書類で、企業の決算書の中に含まれています。

財務諸表を見れば、企業が獲得した利益はどのくらいあるのか、いくらの支出になったのかを把握できます。この財務諸表であるP／LとB／Sを個人で作成し、お金の流れを把握しようという考え方です。

P／Lとは損益計算書のことで、ある期間のお金の流れを表します。基本的に「収入－支出」で表されます。多くの人にとって「ある期間」は1か月、3か月、半年、1年などがポピュラーな区切りではないでしょうか。

例えば、給料や報酬、投資の利益は収入として計算されます。一般的なサラリーマンなら収入のほとんどは給料になると思います。その収入から社会保険料や税金、生活費などが費用として引かれ、残ったお金が利益＝貯蓄となります。

この利益分が利益剰余金としてB／Sの純資産の部に積みあがっていきます。P／Lで利益が多くなるとB／Sの純資産も増えていくので、資産が大きくなっていると考えられます。

反対に、支出の方が多くなってP／Lの利益がマイナスになると、B／Sの純資産から引かれます。つまり、資産が減っているということです。

P／Lを可視化したら、特に大きな支出をピックアップしてみてください。必要経費なら問題はないですが、これは必要なかったという支出があるはずです。そういった無駄遣いを減らしていくことが大切です。

次にB／Sについてです。**B／Sは貸借対照表のことで、保有しているお金の比率や負債、純資産の金額と内訳を表します。**B／Sでは自分が保有している資産を洗い出せます。例えば、自分が保有する資産の中で現金や有価証券が何％を占めているのか、負債として住宅ローンや自動車ローンなどの借り入れがどのくらいなのかを表します。そして、資産から負債を引いた金額が純資産となります。

B／Sでは自分の資産を可視化できるので、それらを再分配することも（比較的）簡単になります。また、自己資本と他人資本の比率も把握できます。他人資本とは、返済や支払いが必要なお金のことで、いわゆる借金やローンです。自己資本と他人資本の比率は、言い換えると「どれだけレバレッジをかけているか」でもあります。

レバレッジをかけて資産形成する行為は、他人資本で自己資本を増やすことを目指していることに他なりません。当然、レバレッジをかけた投資がうまくいけば、大きなリターンを得ることができますし、逆に大きな損失を喰らう可能性もあります。

レバレッジは諸刃の剣であり、だからこそ個人B／Sで自己資本と他人資本の比率を把握することは重要です。他人資本を活用する時は、代わりに利子を要求されることが大半ですので、金利負担がキャッシュフロー（個人P／L）にどれだけインパクトを与えているかも把握する必要があるでしょう。

このP／LとB／Sを作成し、お金の流れを可視化することが、資産形成には重要になってきます。

個人のP/L＆B/Sのイメージ

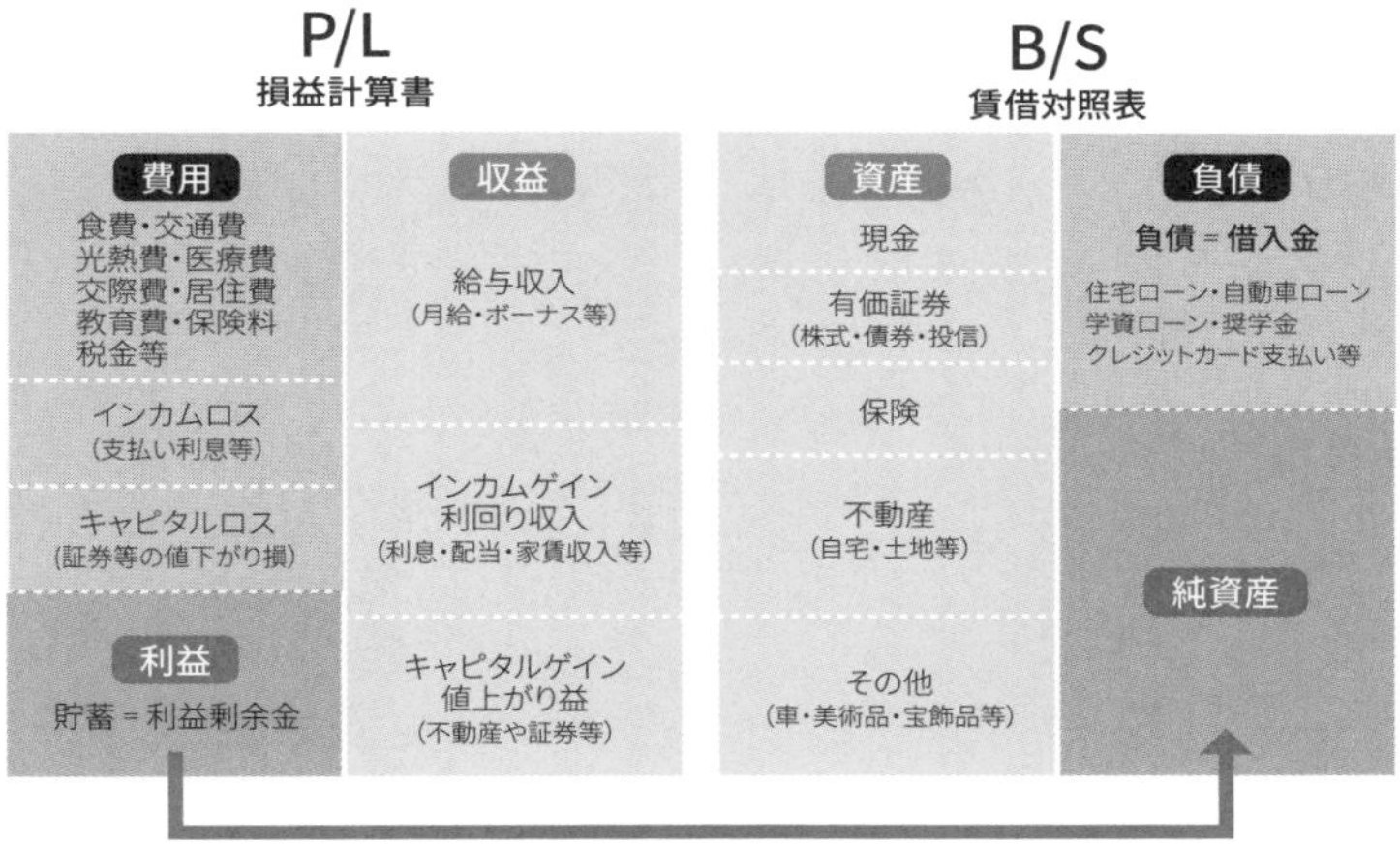

P/L（損益計算書）は、ある期間にどれだけの収入と支出があったのかを表します。B/Sは保有している資産と負債の金額と内訳を表し、資産から負債を引いた額が純資産になります。まずは収支や資産、負債などを見える化し、問題点を改善していくことが資産形成するうえで大切です。

1-2

Ｐ／Ｌで収入と支出を「見える化」してみよう

Ｐ／Ｌを作成して収支を「見える化」してみよう

日々の収支を見える化するために、まずはＰ／Ｌを作成してみましょう。

Ｐ／Ｌはある一定期間において、どれだけの利益もしくは損失を出したのかを表した資料です。

企業のＰ／Ｌだと、商品やサービスの売上から原価を引いた売上総利益、売上総利益から販売費および一般管理費を引いた営業利益、営業利益から本業以外の利益や損失、利息などを引いた経常利益などが記載されます。

個人のＰ／Ｌの場合、どのくらいの収入があって、各支出がいくらだったのか、収入と収支の差し引きでいくら残ったかのような、収支が一目で分かるようなシンプルな形で問題ありません。

個人P／Lの場合、収益の項目には収入が記載されます。例えば、サラリーマンなら月給やボーナスなどの給与収入です。そして、投資をして利益（インカムゲインとキャピタルゲイン）が出た場合も収入として記載していきましょう。インカムゲインは例えば株式の配当金、債券の利金、不動産投資による家賃収入などです。株式や不動産の価値が上昇してキャピタルゲイン（値上がり益）を得た場合も記載しましょう。

費用の項目には支出を記載します。例えば食費や交通費、交際費、家賃などです。また、税金についてもキチンと計上しましょう。そして、投資によって損失が出た場合も記載していきます。支払い利息や株式の値下がり損による損失です。

最後に、収益から費用を引いた数値が利益となります。個人P／Lにおける利益とは手元に残ったお金で、貯蓄になります。

重要な点として、P／LとB／Sは密接に結びついていることを理解しておきましょう。

P／Lの利益が増えることで、B／Sの純資産の項目が大きくなります。B／Sの純資産とは、資産から負債を差し引いたものです。個人B／Sの場合、簡単に言うと財産です。P／Lの利益がプラスになれば、B／Sの純資産が大きくなります。なぜなら、P／Lの利益がプラスということは現金や預金が増えるため、B／Sの資産が大きくなるからです。反対に、P／Lの利益がマイナスになった場合は、純資産が減るということです。

つまり、**純資産を増やしていく＝財産を増やしていくには、まずはP／Lの利益を増やしていく必要があるということです。そのためには、収益と費用を書き出して、使いすぎたと思う部分をできる限り削減していきます。**

ありがちなのが、収益が増えたけど、費用も増えてしまい、P／Lの利益が大きくなるどころか以前よりも減ってしまったというケースです。

例えば、昇給したからといって、家賃の高いマンションに引っ越したら、その分だけ費用も上がります。収入が増えたからといって、むやみに費用も増やしてしまったら利益は出ません。実は年収2000万円を超える高所得者でも、貯金がない人が一定数います。「私は利益を出しているよ」と思っていても、実際にP／Lを作成してみたら、無駄な費用を使いすぎていて、あまり利益が出ていなかったという場合があるので、費用が大きくならないように注意しましょう。

P/L（損益計算書）の作成例

費用		収益	
所得税	23,000円	収入	600,000円
住民税	39,000円	株式投資の配当金	16,000円
社会保険料	40,000円	収益合計	616,000円
家賃	80,000円		
食費	30,000円		
公共料金（ガス、水道など）	20,000円		
交通費	10,000円		
交際費	30,000円		
通信費（携帯料金など）	12,000円		
自動車ローンの月賦	18,000円		
費用合計	302,000円		
利益	314,000円	← 利益がB/Sの純資産に積み重なる	

P/Lを作成すれば、どのくらい収入があり、何にどのくらいの金額を使用したのかが一目で分かります。無駄な費用を削減しながら収益も伸ばしていき、利益を最大限にしていくことで、B/Sの純資産の項目が増えていきます。

1-3

B／Sで資産・負債を「見える化」してみよう

B／Sで資産や負債を「見える化」してみよう

B／Sは企業がある時点において保有している資産と負債を表します。そして、資産から負債を引いた金額が純資産で、返済の義務がない資産になります。純資産は自己資本とも言われます。

個人B／Sも原理は同じです。ある時点でどのくらいの資産を保有しているか、借金はいくらくらいあるのか、返済しなくてもよい資産はどれくらいなのかを表します。個人B／Sですが、資産、負債、純資産の3項目があります。

資産の項目には現金、預金、株式や債券、投信などの有価証券、加入している保険、自宅や土地などの不動産、車や美術品、宝飾品などを記載します。換金できるものであれば、基本的に全て記載しても問題ありません。

負債の項目には金融機関などからの借り入れを記載します。住宅ローンや自動車ローン、クレジットカードの支払い、奨学金などがいくら残っているかです。

なお、資産や負債は購入時や借り入れ時の数値（簿価）ではなく、作成時における数値（時価）を書いた方が、資産状況が分かりやすくなります。例えば、自動車ならその時点で売却した場合の価格、住宅ローンならその時点に残っている返済金額です。そして、純資産には資産から負債を引いた数字が入ります。

P／Lのページでも解説しましたが、P／Lの利益がB／Sの純資産に積み重なります。利益が大きくなるほど、現金や預金といった資産が増えるので、純資産が大きくなります。反対に、P／Lの利益がマイナスになれば資産から引かれるため、純資産は小さくなります。つまり、P／Lの状況によって、B／Sの状況も変化していくということです。

B／Sの大前提は、純資産を大きくしていくことです。なぜなら、純資産が大きくなっているということは、自己資本が増えているので、資産形成が順調である証拠だからです。

純資産を大きくするには、まずはP／Lの利益を増やしていく必要があります。そのためには、サラリーマンなら給与を増やし、個人事業主なら事業収入を増やしていくことが基本になります。そして、現金や預金を株式や債券などの投資に回し、インカムゲインやキャピタルゲインを獲得することで、収益を増やしていきましょう。もちろん、不要な費用はできるだけ減らしていくことも大切です。

純資産を大きくするもう一つの方法として、B／Sの負債を減らしていくことです。純資産は資産から負債を引くため、負債が少ないと純資産が大きくなります。反対に、負債が増えていくと、一般的には純資産の伸びは悪くなります。

P／Lの利益を増やしていく、そして負債を減らしていくことがB／Sの純資産を大きくしていくためには重要です。

ただし、借り入れをするのが全て悪いわけではありません。自宅の購入資金や不動産投資、教育資金などで必要な借り入れは行うべきです。また、インフレが今後も続くと予想しているのであれば、借金をしておくことも一つのインフレ対策になります。

むしろ私は、レバレッジを活用した資産運用に賛成派です。私自身も借入を活用して不動産投資を行っています。いずれにしても大切なのは、自分の許容できる以上の借り入れをしないことです。

個人Ｂ／Ｓを作成すると、どのくらいの資産を保有していて、返済しなければならない負債がいくらあるのかが一目で分かります。ただし、住宅や車のような大きな資金を使う買い物をした場合、資産と負債の項目が大きく変化します。特に、ローンを組んだ場合は負債の項目が大きくなり、諸経費の分だけ純資産が減少します。結婚、住宅購入、子どもの入学などの人生の節目はバランスシートが変化しやすくなるので、注意が必要です。

Ｐ／ＬとＢ／Ｓを記録していくと、自分の収入や資産の現状を把握しやすくなります。「自分はキチンと資産状況を把握している」と自負している人でも、いざＰ／ＬとＢ／Ｓを記録してみると、想像と全く異なっていたという場合もあるので、定期的に作成してみましょう。

上場企業は基本的に３か月に１度のペースで財務指標を公開していますが、**個人としても3か月に1回はP／LとB／Sを記録しましょう。余裕があるなら、1か月ごとに記録すると良いと思います。**個人のＰ／ＬとＢ／Ｓを上手に利用して、お金の流れを洗い出し、定期的に見直して問題点を把握しながら、無駄なところをそぎ落としていくことが、資産形成していく第一歩です。

B/S(貸借対照表)の作成例

資産	負債
現金 50,000円	クレジットカード 支払い 30,000円
預金 4,000,000円	住宅ローン 35,000,000円
株式 2,000,000円	自動車ローン 2,000,000円
債券 1,000,000円	
自宅(マンション) 30,000,000円	
車 2,500,000円	純資産 2,550,000円
時計 30,000円	

資産合計
39,580,000円

負債合計
37,030,000円

B/Sでは現時点での資産と負債の内訳を記載します。資産を増やしていきながら、負債を減らしていくことが大切です。重要なポイントとして、住宅のような大きな買い物をするとB/Sは大きく変化します。住宅購入のような大きなお金が動く人生の節目には、資産と負債のバランスに注意しましょう。

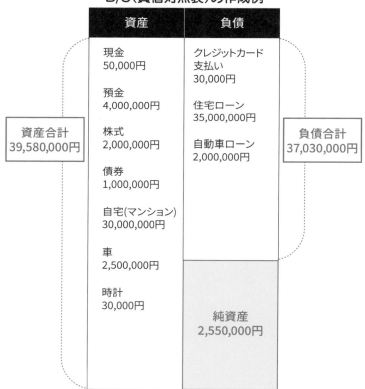

1-4 無形資産である「人的資本」という項目

B／Sの資産には無形資産である「人的資本」が含まれる

個人のP／LとB／Sを解説してきましたが、**B／Sには計上できない資産が存在します。それが人的資本です。**

人的資本とは目に見えない無形資産のことで、ヒューマンキャピタルと呼ばれています。人的資本には知識、スキル、健康、信用、人脈、ブランドなどが挙げられ、個人のB／Sの資産に含まれると考えています。

なぜ人的資本が資産に含まれるのかというと、本業で給料を稼ぐのも投資で資産形成をするのも、人的資本が重要になるからです。

例えば、健康は最大の人的資本です。健康でないと働いてお金を得ることはできません。多少の不調なら無理して働くこともできるでしょうが、そのような状態だとビジネスや投

資においてて正しい判断ができず、経済的ダメージを負う可能性が高まるでしょう。

もちろん、健康でない人は給料を稼げない、投資で資産形成ができないという意味ではありません。しかし、健康でないと仕事の選択肢が狭まるため、結果として給料が少なくなるケースがあります。そして、健康以外の人的資本として、スキルや知識、資格、人脈などが積み重なると、より多くのお金を稼げる可能性が高まります。

つまり、**B／Sの人的資本を厚くしていくことも、資産形成においては重要**ということです。

投資で利益を得るために必要な人的資本は投資知識やお金に関する知識などの金融スキルです。金融スキルを高めると投資でインカムゲインやキャピタルゲインを得られる可能性が高まります。

また、金融スキルが役に立つのは投資だけではありません。納税額や保険料を合法的に下げる方法や、将来に備えた保険に好条件で加入できる可能性も高まるため、資産形成に必要不可欠と言えます。

人的資本の強化の方法ですが、具体的には資格勉強、語学力向上、人脈形成、価値ある体験などのためにお金を使いましょう。簡単に言えば、自己投資をしましょうということです。

自己投資と聞くと、「意識が高そうだな」と思うかもしれません。しかし、特に資産がない人は、自己投資をして人的資本を厚くすることが非常に大切になります。

その理由は、数少ない手持ちの資産で株式投資や債券投資をするよりも、自己投資でスキルや知識を身に付けて、本業での稼ぎを大きくした方が資産形成の効率が良いからです。株式投資や債券投資で期待できる利回りは一般的に数％で、10％の利回りになれば良い方と言われています。

例えば、１００万円の資金で株式投資をしても、１年後の利益は10万円稼げれば御の字です。

そして、株式投資には元本毀損リスクもあります。損失を出してしまい、１００万円が50万円に減ってしまうかもしれません。

それなら「１００万円で自己投資をして本業の収入を上げた方が、株式投資や債券投資よりもリターンが大きくなる可能性が高い」という考え方も大いにアリでしょう。

例えば、サラリーマンで資格手当が出るなら勉強をして資格を取る、スキルや知識を磨いて転職をするという方が資産形成としては効率的なはずです。

極端な話、年収300万円のサラリーマンが100万円の資金で株式投資や債券投資を行って資産を増やそうとするよりも、資格取得や転職で年収を500万円に上げた方がP／Lでいう利益が増え、株式投資や債券投資に使えるお金も増えるということです。

さらに、収入が上がれば金融機関からの評価が高まるので、借り入れできる条件も良くなるメリットもあります。

資産のない時は無理に金融資産に投資をするよりも、自己投資をして本業の収入を上げる方が重要ということです。

ちなみに、この本を買って読んでいる人や私のYouTubeチャンネルを見ている人は、金融スキルを高めるために行動しているので、立派に人的資本強化をしていると言えます。

人的資本を厚くしていけば大きなメリットがあるので、自己投資に力を入れることも資産形成、ひいては人生においても大切です。

人的資本はB/Sの資産の項目に含まれる

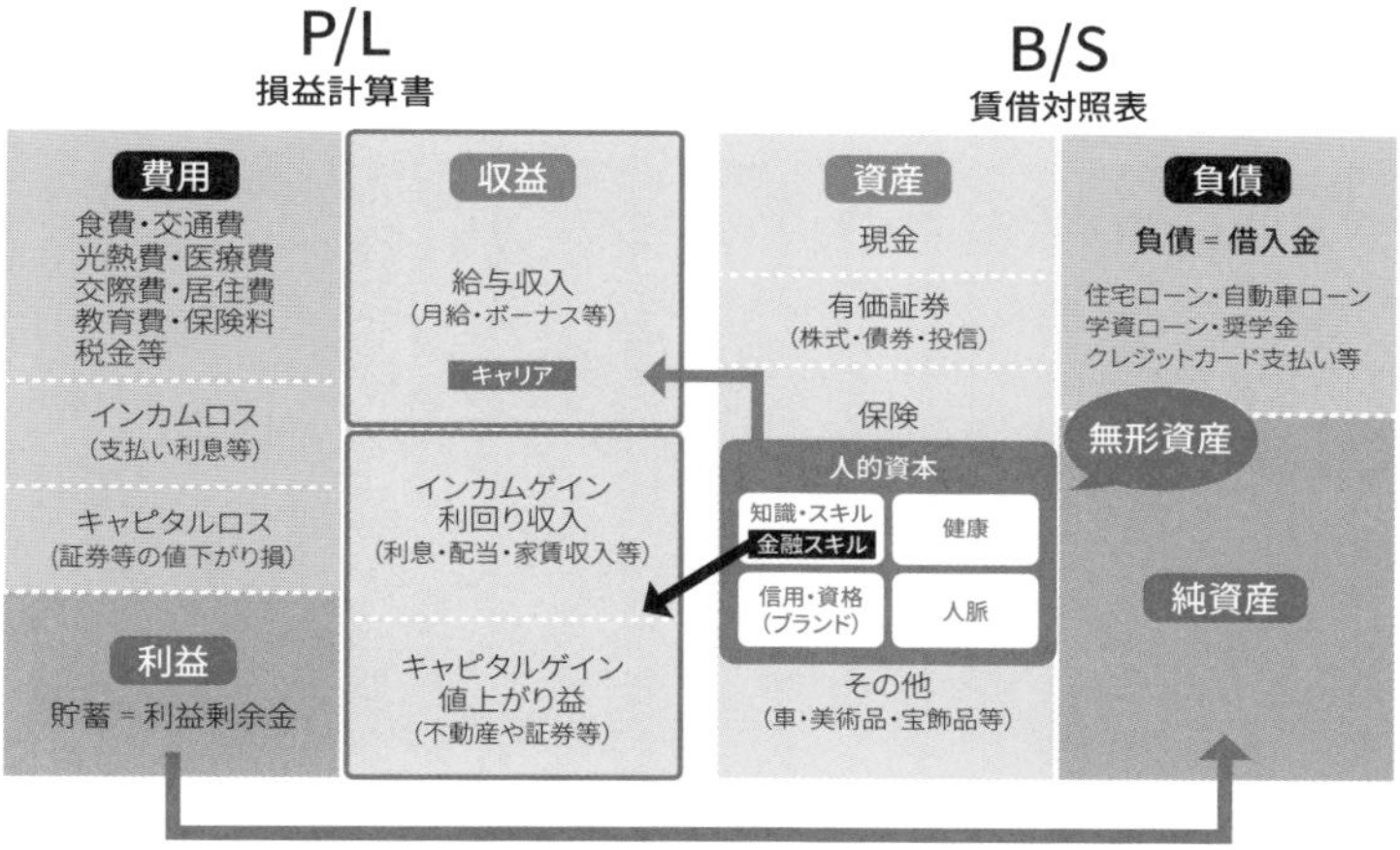

人的資本には知識やスキル、健康、資格、人脈などがあり、B/Sの資産に含まれます。人的資本は収益を伸ばすためには必要不可欠な要素なので、自己投資をして強化していくことが大切です。特に、本業に関するスキルや知識、そして金融スキルは強化すると、資産形成に役立ちます。

1-5

お金の動きを知ったうえで理想の生活をイメージしてみよう

お金の流れを見える化したら、次は最終的なゴールをイメージしよう

お金の流れを見える化し、自分の資産がどれくらいなのかを理解したら、次はいよいよ資産形成をしていきます。ただし、すぐに投資を始めるのではなく、まずは資産形成の最終的な目標を設定しましょう。

資産形成の最終的な目標を設定することは「ゴールベースアプローチ」と言われており、最初にゴールを決めて、そのゴールに到達するための目標を設定します。いつまでに、いくら必要かといったイメージです。

例えば、「老後に備えて60歳までに1億円の資産を持ちたい」「10年後に資産を1000万円増やしたい」「贅沢はできなくてもいいから、月に使えるお金を増やしたい」

といったようにゴールを定めます。

そして、**ゴールから逆算して、ゴールまでに必要な投資金額や運用期間、運用利回りなどを計画していくことが資産形成には大切**になります。

なぜ、ゴールベースアプローチが必要なのかというと、**投資家ごとに資産状況や資産形成の目的、年齢などが異なるため、ゴールまでの運用計画も異なる**からです。

例えば、同じ「10年後に資産を１０００万円増やしたい」というゴールでも、すでに現金を1億円保有している人と、現金を１００万円保有している人の場合とでは運用方法が全く異なります。

すでに現金を1億円保有している人ならリスクを取った運用をする必要はありません。金融商品の中でも比較的リスクの低い債券投資で安全に運用する方法で十分でしょう。

特に２０２３年9月現在は、米国の市場金利が上昇しているため、米ドル建て債券の利回りが上昇しています。利回り４％台の米ドル建て債券も多く、１億円分購入すれば、年に４００万円のリターンが手に入ります。仮に半分の５０００万円でも、年に２００万円です。債券については、第2章以降で解説していきます。

一方で、現金を１００万円保有している人だと、資産を１０００万円増やすためには、10年で10倍にするわけですから、かなりのリスクを取ってリターンを求める必要があります。

例えば、株式投資の平均的なリターンは年５％〜７％と言われており、年10％取れれば良い結果です。金融投資で「10年で10倍」は不可能とは言いませんが、かなり厳しい状況と言えるでしょう。

仮に、年収が低いのであれば、金融投資をがんばるのではなく、自己投資をして人的資本を高め、転職などを活用しつつ年収を上げた方が効率的とも考えられます。

また、高すぎる目標を設定する人もいます。例えば、「1年で資産を2倍に増やしたい」「毎年10％の配当を貰いたい」という目標を持っている人もいますが、現実的にはほぼ不可能と言っていいでしょう。

自分の資産状況と相談しながら、現実的な目標を定めることが、資産形成の道の第一歩です。

第 2 章

利息＆売却益で2度おいしい！

本当は儲かる
債券投資

債券投資の基礎知識①

債券は期限付きの「借用書」

安定したリターンを得られる

債券を簡単に説明すると、**「お金を借りていることを証明する借用書」**のようなものです。例えば、私たちが金融機関でお金を借りる際、いつ、いくら借りたか、いつまでに返済するのか、利子はどのくらいなのかといった内容を文書や電子上で記録を残します。個人間でも場合によっては文書で記録を残します。

債券も同じで、現在は電子化されていてインターネット上で管理されていますが、現物には「○○円借りて、利子を含めて△△円を□□日までに返済します」などと書かれています。

この債券を発行してお金を借りる人のことを発行体と呼びます。

発行体には国や地方自治体、企業などが存在します。国や企業が新しい政策や新事業を

行うための資金が足りないので、お金を借りて政策や事業を行うために債券を発行してお金を借りるという仕組みです。

発行体は債券を買ってくれた人、つまりお金を貸してくれた人に定期的に決まった利子を払う必要があります。そして、債券の償還期限が来たら投資元本を返済しなければいけません。

例えば、トヨタ自動車の債券（新発債）を１００万円分購入したとします。そうすると、トヨタ自動車に１００万円を実質的に貸していることになります。その債券の利率が１％で、期間が5年なら毎年1万円の利子を受け取ることができ、5年後には投資した元本の１００万円が全額手元に戻ってきます。

ただし、途中でトヨタ自動車が倒産してしまったら、元本の１００万円が全額返ってこない可能性もあります。

発行体が国や地方自治体の場合は、財政破綻をしてしまったら元本が全額返ってこない可能性があります。

発行体が返済できなくなる債務不履行リスクを減らすためにも、債券を買う場合は、発行体が信頼できるか、将来的に返済できそうかをよく確認することが大切です。

ただし、発行体である国や地方自治体が財政破綻をする可能性はほとんどありません。企業も大企業が多いため、倒産して返済できなくなることは滅多にありません。

そのため、**債券は基本的にローリスク・ローリターンの投資商品として扱われています。**

債券投資とは、債券を購入し、利子によるインカムゲインの獲得を目指す投資です。

債券（新発債）を購入したお金は満期日に満額（正確には単価１００）で償還されるため、株式投資やＦＸのように元本割れリスクも基本的にはありません。

年利自体は低いですが、預金よりも高く、それでいて他の金融商品よりも比較的安定した収益を得られる点が大きな魅力です。また詳細は後述しますが、**債券を途中で売却して、売却益を狙うことも可能**です。

債券投資は株式投資や投資信託、ＦＸよりも知名度は低いですが、ローリスクで利益を狙えるメリットは株式投資や投資信託にはないものです。

また、資金の一部を債券投資に回すことで、リスク分散も図れます。

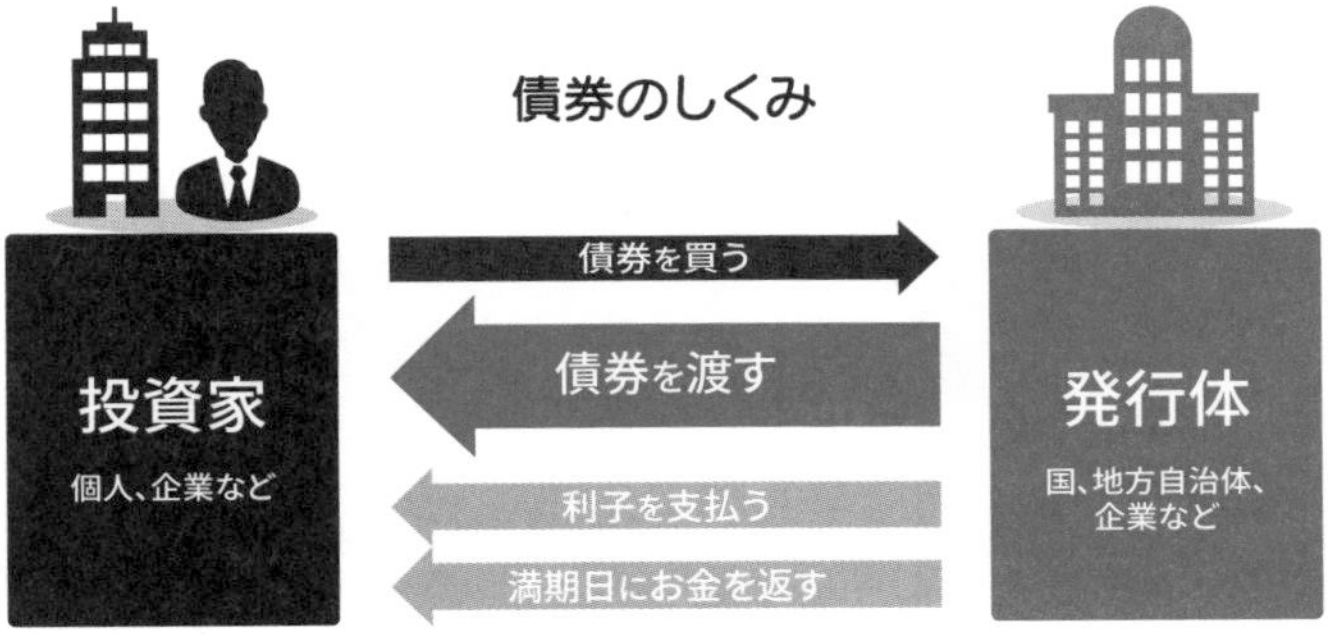

この本を読んだことをきっかけに、ぜひ債券投資を検討してみてください。

2-2

債券投資の基礎知識②

債券の種類は「発行体」と「目的」でさまざま

債券にはさまざまな種類がある

債券にはさまざまな種類があり、大別すると、**公共債、民間債の2種類に分けられます。**この公共債と民間債を総称して公社債とも呼ばれ、債券全般のことを公社債と呼ぶ場合もあります。それぞれの違いを解説していきます。

公共債とは国や地方自治体、政府系の機関が発行する債券を指します。一番有名なのが国債です。国債は国の発行する債券で、日本国債なら日本政府、米国債なら米国政府が発行する債券です。国が返済と利子の支払いを保証するため、債券の中でも信用力が高いとされています。

また、公共債には地方自治体が資金調達のために発行する債券の地方債もあります。国債に次いで信用度、安全度が高いと考えられています。地方債には広く一般投資者を対象として募集する「公募地方債」と特定者を対象として募集する「非公募地方債」があり、個人投資家は主に公募地方債が投資対象となります。

個人投資家にはあまり知名度がないかもしれませんが、独立行政法人や特殊法人が発行する債券の「政府関係機関債」も公共債に含まれます。例えば、日本政策金融公庫や住宅金融支援機構などが発行している債券です。

「政府関係機関債」には返済に政府の保証がある政府保証債、政府の保証がなくて非公募形式の非政府保証債、政府の保証なしで独立行政法人や特殊法人が公募形式で発行する財投機関債などの種類があります。

次に民間債について解説していきます。**民間債とは、民間企業が資金調達のために発行する債券です。有名な民間債として「社債」があります。**

「社債」とは、一般の会社が市場から資金調達するために発行する債券で、ソフトバンクグループの社債は耳にしたことがある人も多いと思います。他にも、東京電力やＮＴＴといった大企業も社債を発行して資金を集めています。

この社債にも普通社債、ワラント債、転換社債、劣後債などの種類があります。

普通社債とは一般的な社債で、SB（ストレートボンド）とも言われます。基本的に設定された満期に額面で償還され、満期までの間は利息が支払われます。

ワラント債は、新株引受権付社債とも呼ばれ、購入先の企業の株式を一定の価格・数量で購入できる権利がついている社債です。一定の期間内に決められた価格で株式を購入できる権利をワラントと言うため、ワラント債と呼ばれます。

転換社債は「転換社債型新株予約権付社債」の略で、事前に決められた条件を満たせば株式と交換できる権利のついた社債です。ワラント債と似ていますが、ワラント債は社債を保有したまま新株を発行時に購入できる一方で、転換社債は権利を行使すると社債が株式に変わる違いがあります。

劣後債は元本保証や返済順位が低い代わりに金利が高めに設定されている社債です。もし債券を発行した企業が破綻した場合に債券の購入金額が戻ってくる可能性が低くなりますが、その分のリターンがあります。

その他にも、担保が設定されていない「無担保債」、電力会社によって発行される「電力債」などもあります。また、民間債には社債以外に、特定の金融機関が発行する「金融債」があります。金融債には定期的に利息が支払われる「利付債」と、利息が支払われない代わりに額面金額が低い「割引債」があります。

そして、債券には国内債券だけでなく、外国債券もあります。国内債券は日本国内の発行体が円建てで発行する債券です。

一方の外国債券は、発行市場、発行体、通貨のどれかが日本国外である債券です。

例えば、米国や英国の政府や地方自治体、企業が発行する債券、ドルやユーロ建ての債券は外国債に分類されます。また、外国の政府や民間企業が日本国内市場で発行する円建て債券の「サムライ債」や、日本国外で発行される円建て債券の「ユーロ円債」、海外の国や企業が日本の投資家を対象に発行する外貨建て債券の「ショーグン債」といった外国債券もあります。

債券にはさまざまな種類があるため、購入する前にどのような種類の債券なのかを確認しましょう。

2-3

債券投資の基礎知識③

リスクの違いで捉える「円建て」と「外貨建て」

債券には円建て債券と外貨建て債券がある

債券には円建て債券と外貨建て債券があり、それぞれに特徴があります。

円建て債券とは、基本的に全て円で取引する債券です。購入代金、債券保有時の利金、償還金などを円で支払ったり、受け取ったりします。

日本に住んでいる日本人投資家の場合、円建て債券は為替変動リスクがないため、購入金額に対して償還金が目減りしたり、想定した利金よりも少なくなることがないメリットがあります。

ただし、円建て債券はリスクが低い代わりに金利も低く設定されていることが多く、外貨建て債と比較すると得られる利益が少ないデメリットもあります。

また、**円建ての外国債券もあります。それが「サムライ債」や「ユーロ円債」です。これらも全て円を使って外国債券を取引できるため為替変動リスクがなく、それでいて円建ての国内債券よりも金利が高めという日本人投資家向けのメリットがあります。**

ただし、「サムライ債」や「ユーロ円債」には発行した国の政治的・経済的影響を受けるカントリーリスクや、信用リスクがある点に注意が必要です。

例えば、いくら円建ての外国債券と言っても、破綻しそうな国や会社の債券を買ってしまうと債務不履行となり、償還されない可能性が高まります。有名な事例では、リーマン・ブラザーズやアルゼンチンのサムライ債がデフォルトした事例があります。

外国の政治経済や企業についての情報は入手しにくいケースが多いため、気をつけましょう。また、ユーロ円債は特別な「仕組み」をもつ仕組債として発行されるものもあるので、どのような債券なのかをしっかりと確認することが重要です。

次に、外貨建て債券についてです。**外貨建て債券とは、その名のとおり、購入代金、債券保有時の利金、償還金などを米ドルやユーロなどの外貨で支払ったり、受け取ったりする**

債券です。円建て債券と比較すると、金利が高く設定されているケースが多いです。

ただし、外貨建て債券には為替変動リスクがあるので注意が必要です。為替変動リスクとは、為替の変動によって、円と外貨の相対的な価値が変動することを指します。例えば、１ドル＝１５０円の時にドル建て債券を買ったとします。そして、満期時に償還金がドルで返ってきますが、この時に1ドル＝１４０円の円高になっていた場合、購入時からの差額10円分が損失となります。また、利金も米ドルで受け取るため、円高になればリターンが減ります。

ただし、円安になった場合は、元本や利金が増えるメリットもあります。例えば、１ドル＝１５０円時にドル建て債券を買い、満期時に1ドル＝１６０円の円安になっていれば、購入時からの差額10円分が利益となります。外貨建て債券を取引する場合、ある程度の為替を読む力があった方が良いでしょう。

また、債券を売買して利益を得る場合、価格変動リスクもあります。ドル建て債券の場合、米国の金利によって債券の売却価格が変動します。新発債を買って満期まで保有する場合は、額面通りの金額が償還されるので、価格変動リスクの心配はありません。

円建て債券と外貨建て債券

円建て債券 → 購入時の支払い、利子の受け取り、償還時の元本返済など、全て円で行われる債券

外貨建て債券 → 円以外の通貨で購入時の支払い、利子の受け取り、償還時の元本返済などが行われる債券。主な外貨としては米ドル、ユーロ、豪ドルなどがある

そして、信用リスクもあります。米国や欧州などの先進国なら比較的リスクも低いのですが、利回りの高い新興国になるほど、信用リスクが高くなります。

外貨建て債券はリスクが高い場合もあるので、投資先をよく考えた方が無難です。例えば、ドル建ての債券なら基軸通貨であるドルのため、為替変動リスクは比較的低いです。

一方で、トルコリラ建て債券のような新興国通貨の場合、利回りが高い一方で、為替変動リスクが高くなります。

外貨建て債券は利回りだけを見て購入してしまうと、思わぬリスクを抱えてしまうこともあるので、気をつけましょう。

2-4

債券投資の基礎知識④

超シンプル！「債券」と「金利」の関係

金利と債券価格は逆相関の関係にある

債券の価格は常に変動しており、金利動向によって下落したり上昇したりします。**債券価格は、基本的に金利と逆相関の関係にあります。金利が上昇すれば債券価格は下がり、金利が下がれば債券価格は上昇します。**

金利と債券価格が逆相関になる理由は、債券を保有している間に支払われる利金や利回りが影響しています。**利金（クーポン）とは、債券を保有していると受け取れる額面金額に対する利率分のお金です。利子とも呼ばれます。**

例えば、利率3％の債券を保有していたとします。金利が下落して、利金2％の債券が市場に出回ったとしたら、利率3％の債券の方が利金を多く貰えるため、発行時よりも高い価格でも欲しいと思う人が増えます。

金利が下落したら、それ以降に発行される債券の利回りや利率が下がるため、金利が下がる前に発行された利回りや利率が高い債券の需要が高まり、価格が上昇するという理屈です。

反対に、金利が上昇した場合を考えてみます。金利が上昇し、利率４％の債券が市場に出回ったとしたら、利率３％の債券は貰える利金が少ないため、欲しいと思う人が減少します。

金利が上昇し、それ以降に発行される債券の利回りや利率が上がれば、金利が上がる前に発行された債券は利回りや利率が低いので需要がなくなり、価格が下落するという理屈です。

つまり、**金利が上昇すれば今までの債券は新規発行の債券よりもリターンが少なくなるので価値が下がり、金利が下落すれば今までの債券は新規発行の債券よりもリターンが大きくなるので価値が上がる**ということです。

金利と債券価格が逆相関するのは債券投資をするうえで非常に重要なので、覚えておきましょう。

また、**債券価格（単価）は償還までの残存期間の長さによって変動幅が異なります。**基本的に、残存期間が1年未満や1年のような償還期間が短い債券ほど価格変動は小さく、20年や30年のように償還期間が長くなるにつれて価格変動は大きくなります。

金利変動による債券価格の変動幅を測る指標が「デュレーション」です。デュレーションは残存期間と似ていますが、残存期間は単純に満期までの期間を表しています。

一方のデュレーションは債券の平均回収期間を示す数値で、利金と償還される元本を合計し、投資資金を平均何年で回収できるかを示しています。

デュレーションは利率が考慮されるため、償還期間が同じ債券でも、利率や利回りが低い方がデュレーションは長くなり、利金や利回りが高い方がデュレーションは短くなります。

例えば、残存期間10年のゼロクーポン債があったとします。ゼロクーポン債は文字通りクーポン(利金)が出ないため、デュレーションは償還される元本のみの10年になります。一方で、残存期間10年の利付債の場合だと、利金が出るため、投資した元本の回収できる期間が早まり、デュレーションは10年よりも短くなります。

金利と債券価格は逆相関の関係にある

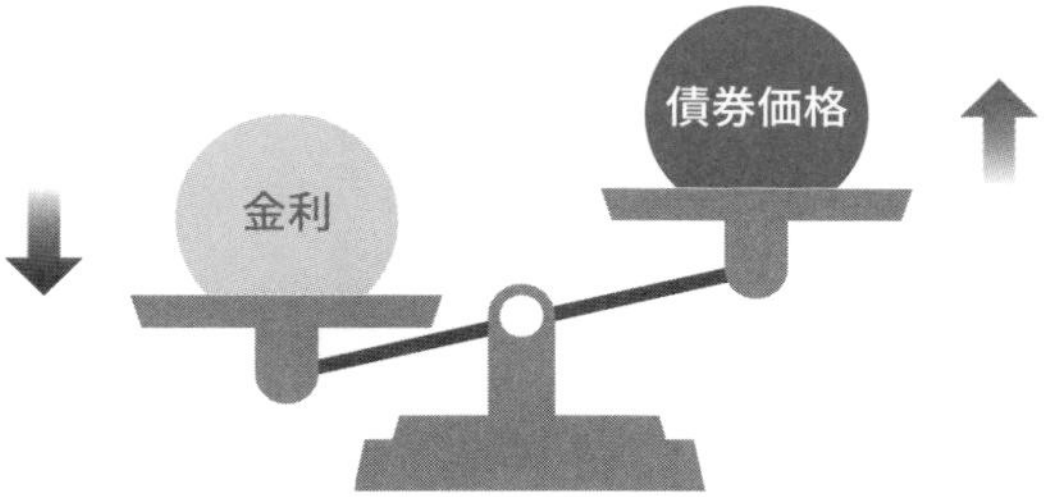

金利が下がると購入した債券の魅力が高まり
債券価格は上昇します

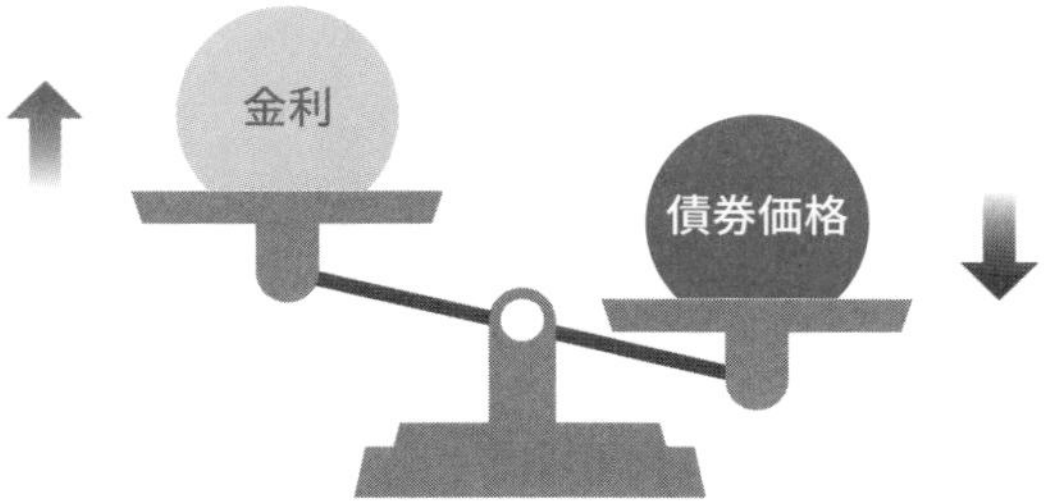

金利が上がると購入した債券の魅力が薄れ
債券価格は下落します

そして、このデュレーションの長さが債券価格の変動幅の目安となります。デュレーションが長い債券ほど、金利の変化による価格変動が大きくなります。反対に、デュレーションが短い債券は金利の変化による価格変動が小さくなる傾向があります。

つまり、**デュレーションが長いほど、少しの金利変動でも債券価格は大きく動く**ということです。

まとめると、金利と債券価格は逆相関の関係にあり、残存期間やデュレーションが長いほど、債券価格は金利の変化で大きく動く傾向があります。

2-5

債券投資の基礎知識⑤

債券の信用格付けを活用しよう

信用格付けを発行体の信頼性の目安としよう

債券は基本的に保有していれば利金が入ってきますし、満期になれば額面が戻ってくるため、他の金融商品よりもローリスクとされています。

ただし、**債券の発行体が債務不履行になってしまえば、利金の支払いが止まり、満期になっても額面が戻ってこない場合があります。**

例えば、金融機関がある企業にお金を貸していたとします。貸している企業が経営不振で倒産してしまったら、利子どころか貸していたお金すら返ってこなくなる可能性が高いですよね。発行体にお金を貸している債券でも同じことが起きる可能性があるということです。

この発行体が利金を支払えなくなったり、償還が行えなくなったりするリスクを「信用リスク（クレジットリスク）」と呼びます。**基本的に、財務状況が悪い発行体ほど信用リスクが高いので、債券を購入する危険性が高いと考えられます。**

ただし、信用リスクが高い債券は危険とはいうものの、一般的な個人投資家が発行体の財務状況などを把握するのは難しいでしょう。

そこで、発行体の信用性の目安となる重要な指標の一つである格付けを参考にしましょう。

格付けとは、債券の発行体である国や自治体、企業などが、満期日に額面を戻せるか、決まった期日に利金をきちんと支払えるかの信用度をランク付けした指標です。格付けを行う会社によって異なりますが、ＡＡＡやＡＡ、Ｃ＋のように記号で信用度が表されます。

格付けは発行体そのものの信用度を計る指標になるため、多くの投資家が参考にしています。格付けの結果によっては債券価格だけでなく、為替相場や株価などに影響を与えることがあります。

格付けは、格付け機関と呼ばれる民間会社が行っています。格付け機関は複数社ありますが、ムーディーズ（Moody's）、スタンダード・アンド・プアーズ（S&P Global Ratings）、フィッチ・レーティングス（Fitch Ratings）の３社が世界的に著名な格付け機関とされています。

日本の格付け機関には、日本格付研究所（ＪＣＲ）や格付投資情報センター（Ｒ＆Ｉ）があり、金融庁の信用格付業者に登録されています。

債券投資の大まかな目安として、投資する債券が投資適格債なのか、それとも投機的格付け債なのかを調べてみましょう。

投資適格債とは機関投資家の投資基準を満たしており、比較的リスクが低い債券です。反対に、投機的格付け債は機関投資家の投資基準を満たしておらず、比較的リスクが高い債券です。投資適格の債券に投資する方が、デフォルトになるリスクが低いということです。

基本的に、ＢＢＢ以上が投資適格債、ＢＢ以下が投機的格付けとされています。ムーディーズの場合は、Ｂａａ以上が投資適格債で、投機的格付けはＢａ以下です。

ただし、**格付けが絶対に正しいわけではありません。**例えば、Ｓ＆Ｐはリーマンショックの要因となったリーマン・ブラザーズの社債に投資適格である「Ａ」の格付けをしていました。現実はどうだったかというと、リーマン・ブラザーズは倒産し、その影響でリーマンショックが起こりました。なお、S&Pはこの格付けについて批判されました。

重要なのは、格付けはあくまでもリスクの目安となる指標の一つということです。格付けが高いから絶対にデフォルトしないわけでもないですし、必ず利金が貰えることを保証しているわけではありません。また、投機的格付けの社債が必ずデフォルトするわけでもないということを理解しておきましょう。

そして、**格付けが低い債券は全て悪いかと言うと、そういうわけでもありません。リスクが高い分、リターンを大きくしないと購入してくれないので、投資適格債よりもリターンが高い特徴があります。**

そのため、投機的格付け債は高利回りを求める投資家に人気があります。

どのくらいのリスクがあるのかをしっかりと把握し、自身のリスク許容度と照らし合わせたうえで、リターンを取ることを優先するなら、投機的格付け債を購入するのは問題ないと思います。

格付け会社の格付け一覧

信用力高

ムーディーズ	S&P	フィッチ	JCR	R&I
Aaa	AAA	AAA	AAA	AAA
Aa	AA	AA	AA	AA
A	A	A	A	A
Baa	BBB	BBB	BBB	BBB
Ba	BB	BB	BB	BB
B	B	B	B	B
Caa	CCC	CCC	CCC	CCC
Ca	CC	CC	CC	CC
C	C	C	C	D
	D	RD	LD	
		D	D	

信用力低

※格付けはAAA+、AAA、AAA-のようにプラス記号やマイナス記号をつけて三段階で表されることもあります。

2-6

債券投資の利益①

インカムゲインでコツコツ稼ぐ

債券投資の最大の魅力は安定したインカムゲインを得られること

債券投資で利益を出す方法の一つが、利金によるインカムゲインです。利金とは、債券の額面金額に対して一定利率で支払われる対価のことで、クーポンとも呼ばれます。

インカムゲインは、資産の保有中に得られる収入です。債券だと利金、株式投資なら配当金、不動産投資なら家賃収入、投資信託なら分配金になります。

債券は、毎年一定金額のインカムゲインを吐き出す金融商品です。**購入額に対して、一定の利率分の利金の支払いが約束されるため、基本的に金利変動に関係なく利金を受け取ることができます。**

例えば、利率が5％の債券（新発債の前提）を100万円分購入した場合、100万円の5％である5万円の利金が貰えます。仮に債券の償還期限が5年後なら、5年間にわ

たって毎年5万円の利金を受け取ることができます。

利金を狙って債券を購入するのは、債券投資の王道中の王道と言っても過言ではありません。

さらに、株式投資や投資信託でインカムゲインを狙う場合とは異なり、**債券は価格変動や金利変動などで元本が毀損される可能性が低く、満期日まで保有すれば単価100で額面金額が返済される**のも利点の一つです（購入時の単価によっては償還時に元本割れ＝キャピタルロスが発生する可能性はあります）。

インカムゲインを狙うなら株式や投資信託に投資する選択肢もありますが、保有中に株価が下落した場合、インカムゲイン以上の含み損となる可能性もあります。

例えば、株価1000円で1株あたりの配当金が50円の銘柄を100株買った場合、受け取る配当金は5000円です。ただし、株価が1000円から900円に下落してしまったら、1万円の損失になります。

配当金を5000円得るのに、株価の下落によって1万円の損失を出してしまっては意味がありません。投資信託も同じで、価格変動によって損失となる可能性もあります。

もちろん、株式投資は株価が上昇すれば配当金+売買差益でより大きな利益を得られますが、元本毀損となるリスクもあるということです。

不動産投資だと定期的に家賃収入を得られますが、借り手がいないと、家賃収入が減る、もしくは無くなるリスクがありますし、投資に必要な資金が債券投資よりも遥かに大きくなります(フルローンであれば物件購入費用はかかりませんが、フルローンを通すのは簡単ではないですし、どのみち諸経費は発生します)。

債券投資なら、元本毀損の可能性がないとは言えませんが、かなりリスクを下げてインカムゲインを狙えます。**低リスクで安定的なインカムゲインを求める人には債券投資がお勧め**です。

なお、債券投資の注意点として、記載されている利回りを利金として獲得できるわけではないので注意しましょう。

例えば、利回りが4%の債券に投資したとして、毎年購入金額の4%分の利金を貰えるわけではありません。

インカムゲインとして貰える利子の大きさは、利率で表されます。例えば、利回りが４％、利率が２％の債券（新発債）を１００万円分購入したとして、貰える利金は利回りの４％分である４万円ではなく、利率２％分の２万円になります。

さらにいうと、単価によっても貰える利金は変わります。

例えば、利率２％の債券だったとしても、それはあくまで単価１００に対する利率です。しかし、新発で買うケースを除き、投資家は必ずしも単価１００で買えるわけではありません。

もしその債券を単価90で買えていれば、90の支払いで「単価１００に対する利率２％」を貰えます。つまり、投下した資金（90）に対する実質的な利率は２％を超えてきます。逆に単価１１０で買った場合は、１１０を払ったのに「単価１００に対する利率２％」しか貰えませんので、投下した資金（１１０）に対する実質的な利率は２％を割ってしまいます。

利回りとは、投資金額に対する利息収入を含めた年間収益の割合のことです。償還利回りや最終利回りとも呼ばれます。

利率とは、額面に対する利息の割合のことです。表面利率やクーポン利率とも言われます。

利回りとクーポン利率が異なる理由は、債券価格が日々動いているからです。

債券は発行時は単価100ですが、償還までの期間で価格が100から90や105のように動きます。つまり、同じ債券で同一の利率でも買うタイミングによっては、償還されるときの利回りが変わってくるということです。

債券投資で表示されている利回りと利率の意味は異なることを理解しましょう。インカムゲインの大きさは、利回りではなく利率で表されます。

つまり、**債券投資でインカムゲインを狙う場合は、利率が高い債券を狙うとリターンが大きくなる**ということです。

ただし前述のように、単価が100以上（オーバーパー）で買う場合、投下資金に対する実質の利率は、表面利率を下回ってしまうことには注意しましょう。

また、ゼロクーポン債というインカムゲインが発生しない債券もあるので、しっかりと確認することが重要です。

債券投資における利回りと利率の違い

利回り

投資金額に対して利子と償還差損益を合計した年間収益の割合。満期まで保有した場合の利回りを最終利回りと呼びます。

$$最終利回り = \frac{利率 + \dfrac{償還価格 - 買付価格}{残存年数}}{買付価格} \times 100$$

利率

額面に対して毎年受取る利息の割合。
表面利率やクーポン利率とも呼ばれます。

$$利率 = \frac{利息}{額面} \times 100$$

2-7

債券投資の利益②

キャピタルゲインで大きく稼ぐ

債券投資でキャピタルゲインを狙うことは可能

債券投資は利金を得るインカムゲインだけのイメージが強いですが、キャピタルゲインを狙うこともできます。

キャピタルゲインとは売買差益のことで、購入した商品が値上がりすれば獲得できる利益です。

「債券投資で売買差益を狙えるの?」と思われるかもしれませんが、**債券は途中で売却できます。購入時よりも債券価格が高くなった時に売れば利益を得ることが可能です。**

例えば、単価100で購入した債券を単価120の時に売却できれば、差し引き20のキャピタルゲインを得られます。

個別債券の投資でよくある勘違いの一つに、「債券は償還期限まで持ちきるもので、途

中で売却できない」または、「途中で売却したら損をする」という考えがあります。

確かに、債券投資は償還期限まで持つことが基本です。償還まで持っていれば利金が貰えますし、額面が戻ってくるという大きなメリットがあるので、途中で売却するという考えはないかもしれません。

しかし、債券は保有途中で売却することが可能です。債券には「既発債」というものがあります。「既発債」とは名前の通り、「すでに発行されている債券」で、個人投資家でも購入可能です。

すでに発行されている債券を購入できる理由は、流通市場を通して投資家同士が売買しているからです。もちろん、既発債だからといって、債券自体の価値が損なわれるわけではなく、保有していれば利金を獲得できます。

もし、債券を途中売却できないのであれば、そもそもこの既発債という市場自体が存在しなくなってしまいます。債券は償還期限の途中で売却可能ということを理解しておきましょう。

また、償還期限の途中で債券を売却したら損をするという考えですが、これは半分正解で、半分間違いです。

債券も株式などと同じように価格が日々動いています。**基本的に新規発行時は、1単位あたり額面100円で発行されます。発行後の債券価格は、償還期限までの間に変動し、償還時は単価100に戻って返済されます。**

もし、単価100で購入し、保有中に単価110になった時に売却すれば、単価10の売買益を得ることができます。もちろん損をする場合もありますが、利益を得る可能性もあるということです。

そして、**債券は株式以上に価格が動く時があります。**例えば、世界最大の投資銀行であるゴールドマン・サックスが発行している社債があります。償還期限は2041年、クーポン利率は5・75%です。このゴールドマン・サックスの社債は2018年11月は単価100くらいでしたが、2020年4月には単価150まで急上昇しました。1年半で1・5倍上昇したということです。

2020年4月はコロナショックが起きた時だったので、異常値だった可能性もあります。しかし、2021年の債券価格を見ると、単価135くらいです。2018年11月に購入し、２０２１年に売れば35％、２０２０年に売れば50％のキャピタルゲインを取れたということです。

なお、２０１８年11月〜２０２０年４月におけるゴールドマン・サックスの株価は１・５倍の上昇どころか、コロナショックの影響で２０１８年時点よりも下落しています。

この事例を見ると、株式ではなく、債券に投資をしていれば、大きな利益を取れるチャンスがあったということです。

債券投資におけるキャピタルゲイン狙いの投資は、基本的には単価が低いときに購入し、短期目線で値上がり益を狙いにいくという戦略です。実は、機関投資家や世界の個人富裕層の間では、この「債券を短期で売買する」ということは非常にポピュラーな考え方です（短期としても「今日買って明日売る」という時間軸ではありませんが）。

ただ、債券価格の上昇を狙うとはいうものの、債券価格が上昇するタイミングを具体的にどう判断すればいいのでしょうか。

債券価格が上昇するタイミングとは、金利が低下する局面です。反対に、金利が上昇すると債券価格は下落しやすくなります。

債券価格と金利の関係

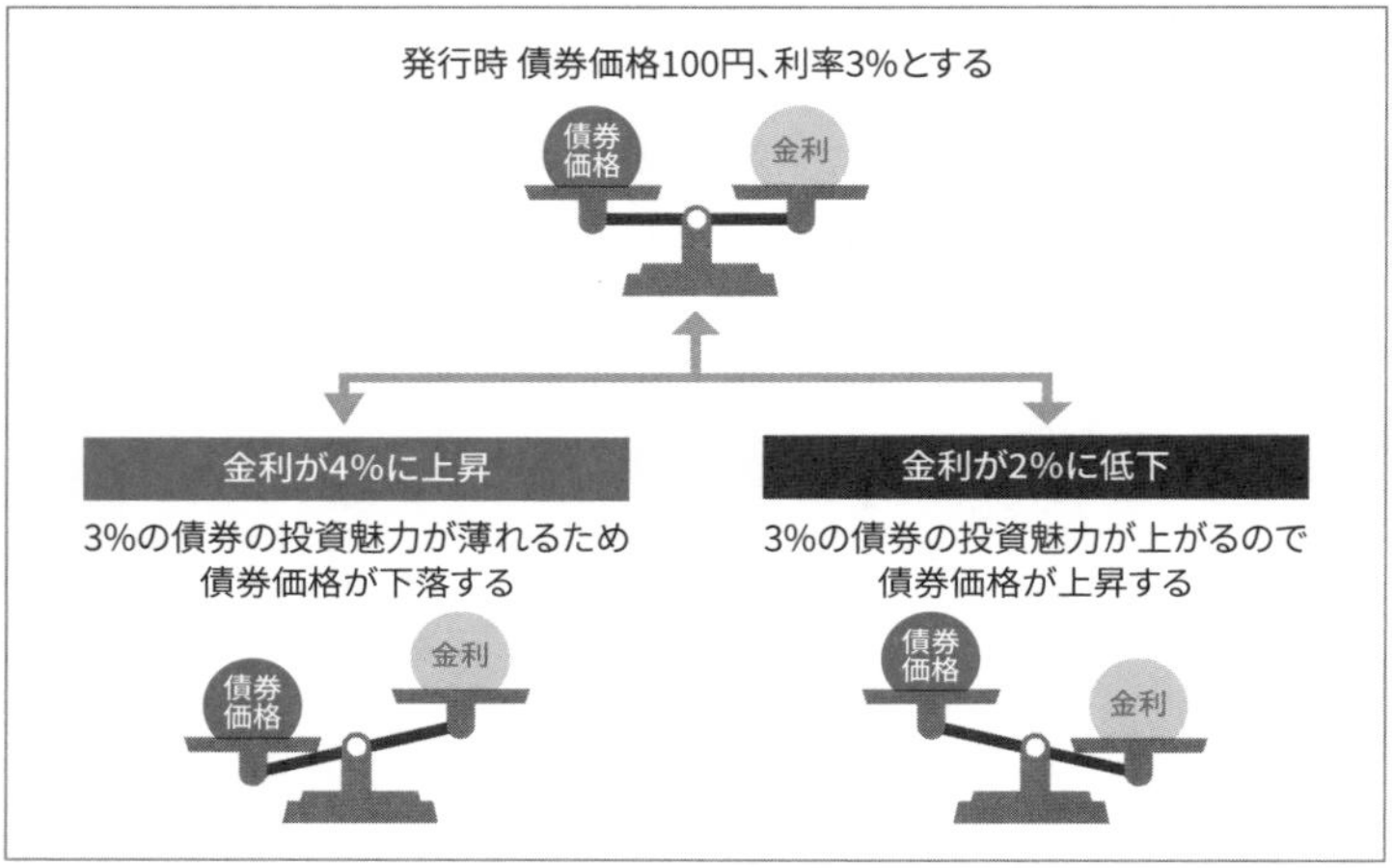

債券価格と金利の関係は逆相関の関係にあります。金利が上昇すれば債券価格は下落しやすくなり、反対に金利が下落すれば債券価格は上昇しやすくなります。債券投資でキャピタルゲインを狙う場合は、金利が高い時期に購入し、金利が下落するタイミングで売却する方法が有効です。

つまり、金利が上昇している時に債券を購入し、金利が低下したタイミングを狙って売却する方法が基本となります。

インカムゲインだけを狙うのではなく、タイミングに応じて柔軟に売却するという考え方を持つことで、債券投資における利益の最大化を目指していきましょう。

2-8

なぜいま債券投資が注目されているのか

米国の金利が高くなっているので、米ドル建て債券に注目が集まる

本書を執筆している２０２３年９月現在は債券投資、とりわけ米ドル建ての債券への注目が集まっています。

米ドル建ての債券が注目されている最大の理由は、米国の金利水準が高い＝米ドル建て債券の利回りが高くなっているからです。

米国10年債利回りは、２０２３年９月現在では４％台前半で推移しており、２００８年のリーマンショック以後では最高値水準となっています。２０２３年８月には一時、リーマンショック後の最高水準である４・３％もつけました。

米国10年債利回りはリスクフリーレートとして、全ての米ドル建ての利回り商品の基準となります。つまり、**米国10年債利回りが上昇しているということは、世の中のあらゆる**

米ドル建て債券の利回りも上がっているということです。

ドル建て債券全般の利回りが上昇している今が絶好の買い時だからこそ、多くの投資家が債券投資の中でも米ドル建て債券に注目しているのです。

市場金利が高い状態で債券を購入すると次の2つのメリットがあります。

①高い利回りを固定して満期まで保有できる

②金利が低下していくと値上がり益を狙える

①高い利回りを固定して満期まで保有できる

債券は基本的に、購入時の利回りや利率が償還時まで続きます。つまり、**現在の高い利回りの状況で債券を購入すれば、高い利回りをロックしたまま、償還期限まで保有できる**大きなメリットがあります。

例えば、今から残存期間が10年の米ドル建て債券を購入すれば、仮に保有中に金利が低下しても、購入時の利回りのまま10年間保有できます。

2023年9月現在の米ドル建て債券の大まかな利回りのイメージとしては、米国債が

アメリカ合衆国国債 2029/11/15 トレジャリーボンド(L0463A001)			
利率（外貨ベース）	年1.750%(税引前)	申込数量	–
単価	87.92%	約定数量	–
利回り	3.969%	販売単位	100米ドル以上 100米ドル単位
利払日	毎年 5/15, 11/15	残存年数	約6.2年
償還日	2029/11/15	発行体格付	AA+ (S&P) Aaa (Moody's)

三井住友フィナンシャルグループ 2030/1/13満期 米ドル建社債 (MJ295A002)			
利率（外貨ベース）	年5.710%(税引前)	申込数量	–
単価	102.42%	約定数量	–
利回り	5.255%	販売単位	1,000米ドル以上 1,000米ドル単位
利払日	毎年 1/13, 7/13	残存年数	約6.4年
償還日	2030/01/13	発行体格付	A- (S&P) A1 (Moody's)

インテル 2030/2/10満期 (MK181A001)			
利率（外貨ベース）	年5.125%(税引前)	申込数量	–
単価	101.98%	約定数量	–
利回り	4.763%	販売単位	2,000米ドル以上 2,000米ドル単位
利払日	毎年 2/10, 8/10	残存年数	約6.4年
償還日	2030/02/10	発行体格付	A (S&P) A2 (Moody's)

出典：SBI証券HP「外貨建債券　既発債券」2023年９月３日掲載の情報を元に作成（https://site0.sbisec.co.jp/marble/bond/top.do?）

4%、社債が4%〜5%、期限付劣後債が5%〜6%、永久劣後債が6%〜7%、CoCo債では7%以上の債券もあります。

全ての銘柄が該当するわけではありませんが、ある程度のリスクを許容すれば、6%〜7%の利回りで運用することも可能な状況です。

上記の図はSBI証券の米ドル建て債券のラインナップの一例です。米国債で利回りが約4%、三井住友フィナンシャルグループで5・2%強、インテルで4・7%強です。なお、全て残存期間が6年以上の債券なので、この利回りのまま6年以上保有できます。

一般的に株式インデックス投資の年率平均リターンは5〜7%と言われています。この10年は基本的に株価は右肩上がりだったため、数年以内に多少の調整が入るかもしれません。つまり、2023年9月現在は米ドル建て債券を購入すれば、株式投資と同等程度のリターンを株式投資よりもはるかに低いリスクで得られる可能性があるので、注目されています。

②金利が低下していくと値上がり益を狙える

債券の特徴として、金利と債券価格は逆相関の関係にあります。金利が上昇すると債券価格は下落し、金利が低下すると債券価格は上昇します。

つまり、米国の市場金利が高い時だからこそ米ドル建て債券を購入し、金利が低下した時

に売却すれば大きな値上がり益を得られるチャンスがあるということです。

ちなみに、債券でキャピタルゲインを狙う場合は、格付けの高い長期債を購入しましょう。１００％確実というわけではありませんが、格付けの高い債券の方が金利変動に対して単価が綺麗に反応しやすく、残存期間が長いほど債券価格のボラティリティが大きくなりやすいのでお勧めです。もちろん**高格付けの代表例は米国債**でしょう。

結論をまとめると、２０２３年９月現在は米国の市場金利が高いので、**米ドル建て債券の利回りも高くなっており、債券投資の王道であるインカムゲインを狙うにはピッタリの状況**と言えます。

そして、将来的に金利が低下していくと債券価格が上昇していくので、キャピタルゲインも狙える局面です。

インカムゲインとキャピタルゲインの二刀流で利益を取れるチャンス相場だからこそ、米ドル建て債券が注目されている最大の要因です。

2-9

債券投資のデメリット①

敢えて言っておきたい5つのリスク

債券投資には5つのリスクがある

債券は金融商品の中でも比較的リスクが低い商品ですが、リスクがあることには変わりありません。債券の主なリスクについては、以下の5点が挙げられます。

①信用リスク
②価格変動リスク
③流動性リスク
④為替変動リスク
⑤カントリーリスク

どのようなリスクなのか、一つずつ見ていきましょう。

①信用リスク

信用リスクとは、債券の発行元である発行体が財務悪化やデフォルトなどで利金が支払えなくなる、元本の返済ができなくなるというリスクです。

基本的に、リスクが高い債券ほどリターンが大きくなります。

・信用リスクが高い↓投資家を集めるために利回りが高くなる

・信用リスクが低い↓投資家が集まりやすいため利回りが低くなる

という傾向があるからです。

信用リスクを測る指標として格付けがあります。格付けとは、格付け機関が信用度を調査し、数値化したものです。格付け機関はムーディーズ、S&P、フィッチ・レーティングスが３大格付け機関とされており、この３社の格付けを見るのが重要です。日系ならJCR、R&Iが有名です。

格付け機関によって格付けの表現は異なりますが、アルファベットで表されていることが多く、AからDまでの組み合わせで格付けされます。AAAが最高ランクで、Dに近づくほど信用力は低いと判断されます。なおDはデフォルトを意味することが大半のため、投資対象として見かけることはないでしょう。

基本的にトリプルＢ以上は投資適格と呼ばれ、比較的信用リスクが低く、ＢＢ以下なら投機的格付け（投資不適格）と呼ばれ、比較的信用リスクが高いとされています。

ただし、格付けが高いほど利回りが低くなるので、信用力が低いことが悪とは一概には言えません。格付けを目安にしながら、利回りと自身のリスク許容度と相談して投資をした方が良いと思われます。

②価格変動リスク

債券価格は日々変動しています。そのため、売却する時に売却価格が購入時の価格を下回り、損失が出てしまうケースがあります。

例えば、単価１００で購入した債券を単価90で売却してしまうと、10の損失が発生します。

債券価格は需給、債券の信用力、金利動向で変動します。

特に高格付けになるほど金利動向は重要で、金利が低下した場合は債券価格が上昇しやすく、市場金利が上昇した場合は債券価格が下がりやすくなります。反対に低格付けになるほど金利動向よりも、その発行体の個別要因で債券価格が動く傾向があります。

債券を売却する時は、金利の動きに注意しておきましょう。

なお、満期まで保有する場合は価格変動リスクは発生しません。

③流動性リスク

売却したい時にすぐ売却できない、希望価格で売却できずに不利な条件で売却してしまったなどのリスクが流動性リスクです。債券は基本的に証券会社との相対取引になるため、株式投資やETFと比較すると、流動性リスクは高くなります。

特に、劣後債やCoCo債などは流動性が低下しやすいので、注意が必要です。また低格付けになるほど、有事の際に流動性は低下する傾向があります。コロナショックの際は、高格付けのアップル（AA＋）などは問題なく売買できましたが、ソフトバンクの永久劣後債（B＋）などは売買停止になってしまいました。

流動性リスクも満期まで保有する場合は発生しません。

④為替変動リスク

外貨建て債券の場合、円ではなく米ドルやユーロなどの外貨で購入や利金、元本の支払いが行われます。

そのため、為替レートによっては購入時の元本を下回って損失が出る場合があるので注意が必要です。

例えば、1ドル＝100円の時に米ドル建て債券を1万ドル（100万円分）購入したとします。そして、満期時に1ドル＝90円の円高になった場合、元本の1万ドルを日本円に換算すると90万円になり、購入時よりも10万円の損失が出てしまいます。

ただし、債券はリターンが見えているため、長く保有すればするほど為替変動リスクへの抵抗力は高まります。

なお、円建て債券を購入する場合は、価格変動リスクは発生しません。

⑤カントリーリスク

発行体の政治や経済状態が悪化することで、デフォルトになるリスクです。

債券投資における主なリスク

①信用リスク	債券の発行体が債務不履行になってしまい、元本が返済されなかったり、利金を受け取れなくなるリスク。債券投資においては致命的です。信用リスクを減らすには、格付けを参考にする方法があります。格付けの高い発行体ほど信用度が高いので、比較的安全な運用が可能です。
②価格変動リスク	債券を売却する時に債券価格が購入時よりも下落してしまうと、値下がり損となる場合があります。特に金利の変動によって債券価格は動くので注意が必要です。ただし、満期まで保有する場合は価格変動リスクはありません。
③流動性リスク	債券は基本的に証券会社との相対取引のため、希望価格で売却をしたくてもすぐに売却できない場合や、不利な条件で売却となるリスクがあります。売却せずに満期まで保有する場合は、流動性リスクは発生しません。
④為替変動リスク	外貨建て債券を購入する場合、購入代金、利金、元本の返済が外貨で行われます。そのため、円とのレート次第で損失となるリスクがあります。例えば、米ドル建て債券なら全て米ドルになるため、購入時よりも円高になると損失になります。ただし、円安になれば利益となります。円建て債券の場合は為替変動リスクは発生しません。
⑤カントリーリスク	発行体の情勢不安や経済状況の悪化でデフォルトになるリスクです。基本的に新興国の債券を買う場合に発生し、円建て債券やドル建て債券のような、先進国の債券を購入する場合は基本的にカントリーリスクが起きる可能性は低いです。

これは新興国の債券を買う場合に注意すべきで、円建て債券やドル建て債券のような先進国の債券を買う場合はそこまで気にしなくても良いと思います。

債券投資をする前に、これらのリスクについてしっかりと理解しておきましょう。

2-10

債券投資のデメリット②

既発債に投資すると元本が全額返ってこない場合もある

全ての元本が返ってこない債券もある

債券投資は株式投資や投資信託、ＦＸなどの金融商品とは異なり、償還期限まで保有すれば投資を行った元本が全て戻ってくると思っている人も多いと思います。

しかし、その考えは間違っています。債券投資は償還期限まで保有したら、投資元本が全て返済されるわけではありません。

正確には、**債券投資では償還期限まで保有すると、全ての元本が返ってくる場合と、全ては返ってこない場合がある**ということです。

一般的に償還期限まで保有すると元本が返ってくる債券とは、新発債を購入して保有していたパターンです。新発債とは新規に発行される債券で、基本的に利率や利回り、販売価格などがあらかじめ決まっています。

繰り返しになりますが、債券は新規発行時に単価100で発行されます。発行後はマーケットで取引されるので債券価格は上下しますが、償還時には単価100に戻るという絶対的な法則があります。つまり、新発債を購入し、償還日まで持っていれば、その間に債券価格が単価80や単価120のように大きく変動しても、償還時には単価100に戻るため元本が返ってくるということです。

多くの人が想像している**元本が戻ってくる債券投資とは、この新発債を購入して償還時まで保有し続ける投資方法のこと**です。

一方で、**投資元本が全て返ってこない場合もあります。**それは、既発債を購入した場合です。既発債とは、すでに発行されてマーケットで売買されている債券です。

例えば、単価110の既発債を購入したとします。この債券を満期まで持ち切っても元本が全て返ってくるわけではありません。なぜなら、新規発行時の単価100を上回っているからです。

償還時に単価100で返ってくるということは、単価110で購入してしまうと、単価

10の償還差損（キャピタルロス）が発生します。

イメージとしては、この債券を100万円で購入して償還日まで保有した場合、約90万円しか返ってこないというのが近いです。既発債でも、ぴったり単価100の時に買えれば、償還時にキャピタルロスは発生しませんが、そのような状況は極めて稀でしょう。

ただし、利金は既発債も新発債も関係なく、額面通りに得られます。利金を考えると、単価100以上で購入することが必ずしも悪いというわけではありません。

ただし、債券投資をするうえでは、既発債券への投資は、投資元本が全て返済されない場合があることを念頭に置いておきましょう。

2-11

債券投資のデメリット③

債券投資は手数料が高く自由度が低い

ネット証券は途中売却の手数料が高くなりやすいので注意しよう

株式投資をする場合、ほとんどの人はネット証券で取引すると思います。**債券投資で、ネット証券で債券投資をする場合、途中売却する際の手数料（正確な表現はスプレッド）が大きい**という点に注意しましょう。

個別債券を途中で売却する際の手数料は証券会社によって大きく異なります。対面型証券会社であれば、手数料が低い証券会社もあります。なかには「売却手数料は無料（０％）でやりますよ」という会社もあります。

一方で、ネット証券だと対面型証券会社よりも手数料が大きくなることがほとんどです。

個人投資家に人気のＳＢＩ証券の場合だと、私が調べた数値になりますが、５％～７％

くらいの売却スプレッドが発生するようです。**売却スプレッドとは、購入時と売却時の単価の差のこと**です。例えば、売却時に5％のスプレッドが発生する場合、ある債券を単価100で購入するとします。そして、単価100の時に売却すると、単価100からスプレッドの5％を引いた単価95が売却時の価格になります。スプレッドが7％であれば、単価100から7％を引いた単価93が売却時の価格です。

売買スプレッドが大きいほど、取引コストが大きくなります。仮に10％のキャピタルゲインが得られても、売却に7％も取られてしまっては、手元にあまり利益は残りません。

株式投資であれば売却手数料はほとんど発生しません。株価100円で購入し、すぐに売却しても株価100円前後で売れます。

なぜ、ネット証券での債券投資は売買スプレッドが大きいのかというと、正確な理由は分かりませんが、おそらくネット証券は自社で在庫を抱えるからだと思われます。ネット証券は債券を仕入れて、小口に分けて投資家に売ります。一方で、売りたい投資家がいれば、いったん自社で抱えて、買いたい人に売るという形です。

つまり、ネット証券が保有している間は債券価格の価格変動リスクがあるため、そのリ

個別債券を買いたい際の3つの選択肢

	プライベートバンク	対面型証券（IFA含む）	ネット証券
担当者との相談	可	可	不可
最低購入金額	10万ドル～	1万ドル～	100ドル～
口座開設の難易度	極めて高い	高い	低い
銘柄の種類	多い	多い	少ない
購入手数料	1%以下（UBS）	1～5%	0.3～1%（SBI）
売却手数料	1%以下（UBS）	1%以下（SBIは0%）	5～7%（SBI）

スク分のスプレッドが上乗せされているので、スプレッドが大きいという推測です。ボラティリティ（価格変動幅）が大きい債券ほど途中売却のスプレッドも大きくなります。

ネット証券は、基本的に途中売却時のスプレッドが大きくなってしまう＝売買手数料が大きいということに注意しましょう。

ただし、売買スプレッドはキャピタルゲインを狙うために途中で売却する場合に発生するコストです。**償還時の返済や定期的に貰える利金には売買スプレッドは関係ないので、償還時まで保有する投資スタイルの人は、売買スプレッドの大きさは関係ありません。**

2-12

債券投資のデメリット④

償還前提のインカムゲイン狙いはリターンが限定的

償還前提の投資だとリターンは限定的になる

現在の相場環境なら、キャピタルゲイン狙いもワークするとはいえ、そうはいっても債券投資をする人は、基本的に償還まで持ち切って、安定した利回りと利金（インカムゲイン）を狙う人が多いと思います。

債券投資は購入時に固定された利回りを得ることができるのがメリットでもありますが、反対に、それ以上のリターンを得ることが難しいというデメリットもあります。

例えば、残存期間が10年で利回り5％の債券を購入したとします。1年で5％が10年分なので、合計すると約50％分の利益になります。つまり、10年間で投資した金額が1・5倍に増えるということです。

10年間で資産が1・5倍に増えればそれで良いと思うかもしれません。しかし、債券を購入して償還期限まで保有し続けた場合、事前に決まっている利回り以上の利益は望めません。

上記の例で言えば1年で約5％の利回り、10年間で約50％の利回りとなりますが、それ以上を目指すことはできませんし、それ以下に下がることもありません。

一方で、株式投資の場合は、株価が2倍になれば投資した資金も2倍になるため、大きな利益を獲得できる可能性があります。

例えば、ある株式を株価が５００円台の時に１００株購入していた場合、投資金額は約5万円です。ここから株価が2倍の１０００円に上昇したら、投資した5万円は2倍の10万円となります。株価が3倍になったらリターンも3倍の15万円になるので、債券投資よりも大きなリターンを狙えます。

さらに株式投資は配当金を出している銘柄もあるため、キャピタルゲインとインカムゲインを合計すると、より大きな利益になります。

もちろん、株価が下落すれば大きな損失となるリスクもあります。債券投資は満期まで保有すればある程度の元本が戻ってくるため、一概に比較するのは難しいですが、リスクを取って大きなリターンを求めるなら株式の方が向いており、低リスクで一定のリターンを確実に獲得したい人は債券投資の方が向いています。

ただし、**債券投資でも大きなリターンを狙う方法があります。それは高格付けの長期債を持つことです。金利と債券価格は逆相関の関係なので、金利が上昇している時に高格付けの長期債を購入し、金利が低下して単価が上がった時に売ることで株式投資にも負けないほど大きなキャピタルゲインを狙うことも可能です。**

ただし、償還までの保有が前提の投資方法だと、額面の利回り以上の利益を狙うことはできません。

インカムゲインを狙う債券投資をする場合は、自分の目標とするリターンと合致しているのかを考えることが大切です。

第 3 章

ETFなら超手軽！

米国債を実際に買ってみよう

3-1

債券投資は個別銘柄かETF（投資信託）か？メリットとデメリットを徹底解説

債券を買う方法には個別銘柄と投資信託の２つの選択肢がある

債券投資といっても、どのように債券を購入すればよいか分からない人もいるかと思います。

債券投資には

①個別銘柄を買う
②投資信託（ＥＴＦ）を買う

の２種類の方法があります。この２つはどのような投資方法なのか、どんなメリット・デメリットがあるのかを解説していきます。

①個別銘柄を買う

個別銘柄とは政府や企業が発行している債券を単品で購入する投資方法です。株式投資の個別銘柄を買うようなイメージです。

例えば、日本政府や米国政府が発行している国債、マイクロソフトやソフトバンクグループなどの企業が発行している社債などを証券会社や銀行といった金融機関から購入します。

【個別銘柄のメリット】

・償還時に単価１００に戻る

債券は購入時の単価に関係なく、**デフォルトにならない限りは満期償還時に単価１００に戻る特性**があります。

例えば、ある既発債を単価70や単価１５０で購入しても、満期償還時には単価１００に戻ります。つまり、個別銘柄では満期償還時まで保有すれば、少なくともある程度の投資元本が戻ってくるということです。

新規債だと購入時は単価１００なので、満期償還時まで保有すれば基本的に投資元本は毀損することなく手元に戻ってきます。

ただし、発行体がデフォルトした場合や、単価100以上で購入した場合は償還時に損失が発生する可能性があります。個別銘柄でも必ず元本が全て戻ってくるわけではない点に注意しましょう。

・リターンを読みやすい

債券は購入時に償還利回りが決定するため、**基本的に償還時まで保有していれば購入時の償還利回りを確実に得ることができます。**

また、利金（インカムゲイン）も債券の購入時に確定します。保有中に金利や経済状況が変化しても、利金は基本的に購入時の数値から変わりません。

ただし、特別条項がついている場合は金利動向や経済状況によって利金や最終利回りが変化するので、注意しましょう。

・残存期間が長い銘柄を購入できる

個別銘柄だと残存期間が長い証券を購入できます。残存期間とは満期までの期間です。例えば、個人が購入できる個別銘柄には、残存期間が最長30年以上のものもあります。なかには「２０９８年5月15日償還のコカ・コーラ社債」など、とんでもなく長い銘柄もあります。**債券には残存期間が長くなるほど、金利が低下した際に債券価格のボラティリティが大きくなる特性があり、大きなキャピタルゲインを狙える可能性があります。**

もし、将来的に金利が低下すると予測し、それに乗じて値上がり益を取りたいのなら、残存期間の長い債券を購入できる個別銘柄がお勧めです（ただし格付けが高くないと、金利低下に対してうまく債券価格が上がってくれません）。

【個別銘柄のデメリット】

・ある程度の投資資金が必要

個別銘柄の購入は、基本的に証券会社などでの対面取引が中心です。それだけに最低購入金額が高めで、中には１０００万円以上の資金が必要なケースもあり、投資資金が限られている人には相対的にハードルが高いと言えます。

ネット証券だと購入しやすい価格の債券もある一方で、購入できる銘柄数が限られてしまいます。

・コストが高く、透明性が低い場合がある

売買コストは証券会社ごとのブラックスボックスになっており、どのくらいの手数料が発生しているのかは不明です。

また、ＥＴＦと比較すると、売買コストは高めです。ほとんどの場合において、コスト金額が１桁変わってしまうのではないでしょうか。

・流動性が低い

個別銘柄は流動性が低いことが多く、狙った価格で売却できないリスクもあります。また、対面取引だと担当者を通じて取引するため、リアルタイムで売買できないデメリットもあります。

②投資信託（ＥＴＦ）を買う

債券を運用している投資信託（ＥＴＦ）を購入する方法です。投資信託とは証券会社や銀行が投資家からお金を集め、債券や株式などの売買で運用する仕組みです。ＥＴＦは上場投資信託のことで、名前の通り上場している投資信託です。

債券を直接購入して保有するのではなく、投資信託やＥＴＦを通して間接的に保有するイメージです。

【投資信託（ＥＴＦ）のメリット】

・個人投資家でも購入しやすい

投資信託（ＥＴＦ）はネット証券から購入可能で、最低購入金額も個人投資家が購入しやすい価格であることが多いです。

また、投資信託（ＥＴＦ）は何十種類～何百種類もの債券を運用しているので、投資信託を購入すれば、たとえ少額であっても自動的に分散投資が可能です。

・取引コストが低く、透明性が高い

投資信託（ETF）は取引コストが低く、透明性が高いです。購入時に手数料、保有時は信託報酬が発生しますが、個別銘柄と比較すると低めで、売却時に手数料がほとんど発生しません。

ただし、アクティブ型ファンドの場合はコストが高くなるので注意が必要です。アクティブ型ファンドとは、ファンドマネージャーが運用し、特定の指数を上回るパフォーマンスを目指す投資信託です。特定の指数との連動を目指すインデックス型ファンドよりも大きなリターンを期待できますが、反対に下落して損失となるリスクもあります。

アクティブ型ファンドはファンドマネージャーによる調査や銘柄管理が必要なため、インデックス型ファンドよりも手数料が高くなる傾向があります。

そして、投資信託（ＥＴＦ）は目論見書に取引コストなどが明記されているため、個別銘柄よりも透明性が高いです。特に債券ＥＴＦの場合は、ローコストかつ透明性の高い債券投資ができる大きなメリットがあります。

・流動性が高い

個別銘柄と比較すると流動性が高く、ＥＴＦであれば株式市場が開いている限り、リアルタイムで売買をできるメリットがあります。

【投資信託（ＥＴＦ）のデメリット】

・満期保有という概念がない

投資信託（ＥＴＦ）には個別銘柄と違って満期償還という概念はありません。価格が下落すれば、その分が損失となるため、個別銘柄よりも元本割れのリスクが高いです。

・ファンドの成績によって分配金が減る可能性がある

投資信託（ＥＴＦ）はリターンやインカムゲインが運用会社の運用状況によって変わります。

運用会社の成績が良ければ分配金も増えますが、成績が悪くなれば減る可能性もあり、個別銘柄よりも不確定要素が高くなります。

投資方針や投資目的、投資資金、リスク許容度などによって個別銘柄と投資信託（ETF）のどちらかが良いかは異なります。

例えば、キャピタルゲインを狙いたい人は残存期間が長い個別銘柄を選んだ方が債券価格のボラティリティが大きくなりやすいので、それだけ値上がり益を出せる可能性が高くなりますし、投資に使える資金が少ない人は購入金額や投資コストが安い投資信託（ETF）、特に債券ETFの方が投資しやすいでしょう。

個別銘柄と投資信託の両方におけるメリットとデメリットを理解して比較しつつ、自分の投資状況に適した投資先を見つけることが、債券投資で利益を出すためには大切です。

個別銘柄と投資信託（ETF）の違い

	個別銘柄	投資信託(ETF含む)
投資元本	償還時に債券単価100に戻る	償還という概念なし
トータルリターン	償還まで持てば固定	約束されていない
インカムゲイン	利金（常に変わらない）	分配金（変動の可能性あり）
自動再投資	不可（自分で行う必要あり）	可能（ETFは不可）
購入時のコスト	0.1〜5%程度	0〜3%程度
保有時のコスト	かからない	かかる（信託報酬）
売却時のコスト	証券会社による	ほとんどかからない
購入できる場所	対面型証券会社が中心	ネット証券で購入可能
最低購入金額	高い （銘柄によっては20万ドル）	安い （100円から購入可能な銘柄もある）
分散のしやすさ	しにくい	しやすい
流動性	低い場合が多い	高い場合が多い

3-2

個別債券を買う時の４つの選択肢

個別銘柄を買う方法には４つの選択肢がある

個人投資家が個別債券を購入する方法は、主に以下の４つの方法が挙げられます。

①ネット証券
②証券会社の対面販売（リテール営業）
③ＩＦＡ
④プライベートバンク

それぞれにどのような特徴があり、どのようなメリット、デメリットがあるのかを説明していきます。

①ネット証券

インターネットを通じて金融商品の取引ができるのがネット証券です。ＳＢＩ証券、マネックス証券、楽天証券などが代表的なネット証券です。

個別の担当者はおらず、銘柄選択から、取引数量の決定、注文発注と、取引全てを自分自身で行う必要があります。

・ネット証券のメリット

ネット証券で債券取引を行うメリットは、小口購入ができるので、少額でも取引可能な点です。

証券会社の対面販売やＩＦＡだと最低購入額面金額が20万ドル以上の場合もあり、さらにプライベートバンクだと億単位の資金が必要のため、資金の少ない個人投資家はネット証券が向いています。

また、ネット証券は購入手数料が安いと思われることも魅力の一つです（手数料はブラックボックスなので推測の域を出ませんが、おそらく相対的に安いはずです）。Ｐ87の図でも紹介しましたが、私の調査によると、ＳＢＩ証券だと購入手数料は０・３％〜１％と思われます。これは少なくとも、対面型証券会社やＩＦＡに比べて有利なケースが多いでしょう。

したがって、償還まで持ち切る前提かつ、ネット証券に載っている銘柄で十分に満足できるのであれば、たとえマス層であっても富裕層であっても、ネット証券で完結する選択肢も大いにありです。

・ネット証券のデメリット

ネット証券では購入できる債券の銘柄が対面販売やＩＦＡ、プライベートバンクよりも限られているため、**希望する債券が購入できない可能性があります。**

また、途中売却する際にはスプレッドが広がりやすいので、その分の売買コストが大きくなります。

また、取引を全て自分で行うため、ある程度の投資知識が必要になります。

②証券会社の対面販売（リテール営業）

証券会社の担当者を通じて株式や債券などを取引する方法です。一般的に対面型と呼ばれることが多いです。

ネット証券が広まるまでは一般的な方法で、野村證券、大和証券、ＳＭＢＣ日興証券、みずほ証券などの大手証券を中心に、地場証券など、インターネットの普及以前から営業している証券会社では対面販売で取引できるところが多いです。

担当者からお勧めの金融商品を教えてもらえる場合もあり、運用方針の相談も可能です。

・証券会社の対面販売のメリット

ネット証券よりも幅広い債券を購入できる場合が多いので、**希望する債券を購入できる可能性が上がります。**

また、一人一人に担当者がつくので、投資方針や相場状況などを相談しながら運用が可能です。優秀な担当者と良好な関係を築ければ（言い換えると先方が望む手数料を落としてあげれば）、掘り出し物の債券をお勧めしてくれたり、新規上場株式を優先してくれたりするケースもあります。

・対面販売のデメリット

債券の小口購入ができない場合が多いので、必要な投資資金が大きいというデメリットがあります。債券を購入する場合に最低でも1万ドル、銘柄によっては最低20万ドルが必要、というように、資金の少ない人には利用しにくい面があります。

また、担当者がつくのでその分の手数料が大きくなりやすく、ネット証券よりも取引コストが大きくなる場合があります。

③ＩＦＡ

ＩＦＡは「Independent Financial Advisor」の略称で、日本語だと「独立系フィナンシャルアドバイザー」と呼ばれています。銀行や証券会社などの特定の金融機関に属していないため、中立的な立場で資産形成や投資に関するアドバイスを行ってくれます。

また、ＩＦＡは債券や株式、投資信託などを取り扱っており、ネット証券では購入が難しい銘柄をＩＦＡから購入することもできます。

・ＩＦＡのメリット

ＩＦＡのメリットは証券会社の対面販売とほぼ同じですが、**複数の証券会社と提携している場合が多いので、大手証券会社よりも幅広い債券を購入できる場合があります。**複数の証券会社と提携している場合は、同じ銘柄でもより有利な債券価格で購入できる証券会社を探してくれることでしょう（実は同じ銘柄であっても、証券会社によって債券価格は若干違います。同じ５００㎖のコカコーラのペットボトルでもコンビニで買うと１５０円するけどスーパーなら１３０円で買える、といったイメージです）。

また、基本的には小規模業者ですので、**大手証券会社の対面販売よりも手数料が低い傾向があります。**ＩＦＡと投資方針や相場状況などを相談できるメリットもあります。

・ＩＦＡのデメリット

こちらも証券会社の対面販売とほとんど同じで、小口購入ができない場合も多いので、資金の少ない人には利用しにくい面があります。
また、担当者分の手数料が発生するので、ネット証券よりもコストが大きくなりやすいです。

④プライベートバンク

富裕層向けの金融機関で、資産管理や資産運用を行ってくれます。**投資関係はもちろん、相続や税金対策などのコンサルティングや富裕層向けの非金融サービスが充実している場合が多いです。**

大体の大手金融機関はプライベートバンキング（ＰＢ）部門を持っています。例えば、野村證券のＰＢ、三菱ＵＦＪ銀行のＰＢなどです。日系だけでなく、外資系ＰＢも日本に参入しています。その代表格は、クレディ・スイスを吸収合併したＵＢＳでしょう。

ただし、富裕層がターゲットのため、口座開設の条件として数億円以上の入金が必要、保有資産が数億円以上など、一般の投資家には厳しい条件が設定されています。例えば、ＵＢＳに口座を作りたい場合は、２億円の入金を求められます（正確に言えば「向こう2

年以内に2億円を入れてくれ」と言われます）。前述のクレディ・スイスは、最低預け入れ残高を5億円に設定していました。

・プライベートバンクのメリット

債券のラインナップが豊富なので、幅広い選択肢から選ぶことができます（とはいえ日本のプライベートバンクだとＩＦＡとそこまで変わらないという指摘もあります）。スプレッドや手数料は大手証券会社やＩＦＡと比較しても低めで、取引単位が大きくなるほどスプレッドや手数料が低くなるプライベートバンクもあります。

また、有価証券担保ローンという制度を活用できるメリットがあります。有価証券担保ローンは資金にレバレッジをかけられるという制度で、より大きな資金で効率的な運用が可能になります。

・プライベートバンクのデメリット

基本的にプライベートバンクは資産家をターゲットにしているため、数億円の資産を

米ドル建ての個別債券の買い方

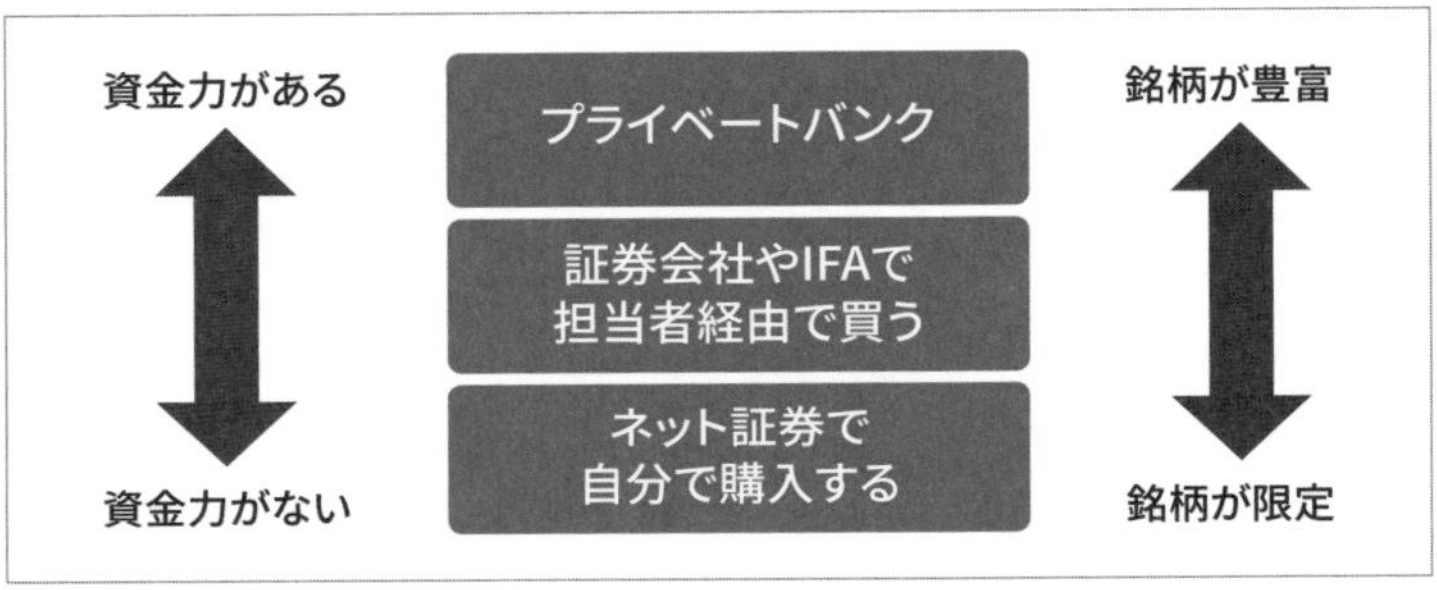

持っている人でないと利用できません。一般の個人投資家には非常にハードルが高いです。

債券投資で個別銘柄を購入したい場合、以上の4通りの方法があります。とは言うものの、**資金が限られている人はネット証券一択**になると思います。

ある程度の資金がある人は大手証券の対面形式やＩＦＡを利用する方が、幅広い銘柄に投資できるメリットがあります。もちろん、資金がある人がネット証券で自分の好きなように運用しても全く問題ありません。

自身の資金や運用方針と相談しながら、どのような債券投資をするのかを考えて、これら4種類の方法を上手に活用しましょう。

3-3

短期間で大きな利益を狙うなら「高格付けの長期債」

「高格付けの長期債」の投資妙味

債券投資のイメージとして、毎年利金が手に入るけど、短期目線で利益を取りにくいと思っている人は多いと思います。しかし、高格付けの長期債であれば、債券投資でも短期間で利益を狙える可能性があります。

その理由は、金利と債券価格が逆相関の関係にあるからです。金利が上昇している時は債券価格が下落し、金利が下落している時は債券価格が上昇します。

つまり、債券価格が安くなっている金利が高い時期に購入すれば、金利が低くなっていくにつれて債券価格も上昇していくので、上手くいけば短期で大きなキャピタルゲインを狙えるということです。そして、この金利と債券価格の逆相関の関係性は、格付けが高いほどワークします（格付けが低いと、金利変動よりも発行体の個別要因のほうが債券価格

変動の変数として強くなります)。

続いて、なぜ長期債が良いのかという理由です。これも債券の重要な特性ですが、**債券は残存期間が長ければ長いほど、金利変動に対する債券価格のボラティリティが上昇します。**

例えば、金利が上昇すると債券価格は下落しますが、残存期間が短い債券だと、下落幅が少なくなる可能性が高いです。一方で、残存期間の長い債券になるほど、債券価格はより大きく下落します。

債券において「残存期間が短い債券は金利が変動しても債券価格が動きにくく、残存期間が長い債券は金利の変動によって債券価格が大きく動く」というのは絶対的な法則です。**残存期間が長い債券はボラティリティが大きいので、値上がり益を狙うのであれば、長期債を持つ方法が良い**ということです。

例えば、残存年数が10年と残存年数が30年の債券があるとします。残存年数以外の条件が同じであれば、金利が低下した場合、残存年数が10年の債券よりも残存年数が30年の債券の方が大きく債券価格が上昇します。

つまり、首尾よく金利が低下したという前提ですが、残存年数が30年の債券を買う方がキャピタルゲインを大きく取れるメリットがあるということです。

仮にキャピタルゲインを期待して長期債を購入し、予想通りに金利が下がらなかったとしても、債券を保有していると利金を毎年受け取ることができます。

つまり、債券価格が上がるまで債券を保有し続けていても一定の利益が得られるため、金利が下落するという予想を外したとしても大きな損をしにくいです（物価変動の状況によってはインフレ負けしてしまう可能性はあります）。

さらに、債券は購入時の利回りをロックできるため、仮に償還時まで金利が下がらなかったとしても、金利が高い時の利回りをずっと保てます。

もちろん、発行体がデフォルトしてしまえば利金は貰えず、元本も返ってこないリスクもあります。しかし、格付けが高い債券を購入すれば、デフォルトになるリスクは比較的低めです。

ちなみに、私の考えとしては、２０２３年9月現在の相場環境では、米ドル建ての高格付けの長期債に投資妙味があると思っています。

その理由は、**現在は米国金利が高い状況のため米ドル建て債券の利回りが高く、将来的に**

金利が低下していけば値上がり益を狙える可能性があるからです。米ドル建ての債券を買って、金利が下がるのを待つ絶好の機会というわけです。

今後1年～2年の間に米国の長期金利はそれなりに低下する可能性が高いと思っており、だからこそ、今は値上がり益を狙える良い局面だと考えています。

極端な話、今の債券相場は償還という安全パラシュートをつけた状態で値上がり益を狙える状況です。永久劣後債でない限り、債券は償還日が設定されています。償還日になれば債券価格は100に戻るため、仮に金利が下がらなくても償還まで持ち切れば良いだけです。

さすがに5年10年と持っていれば、今より金利が低局面（単価の含み益が出る局面）は来ると思いますが、仮に償還まで持ち切ることになっても、今の高い利回りでロックできるので、利益を出せる可能性は高いです。

もちろん、米ドル建て債券なので為替リスクがありますが、高い格付けの長期債を選べば金利が低下した際に大きなキャピタルゲインを狙えるので、差し引きでプラスになる確率は高いです。

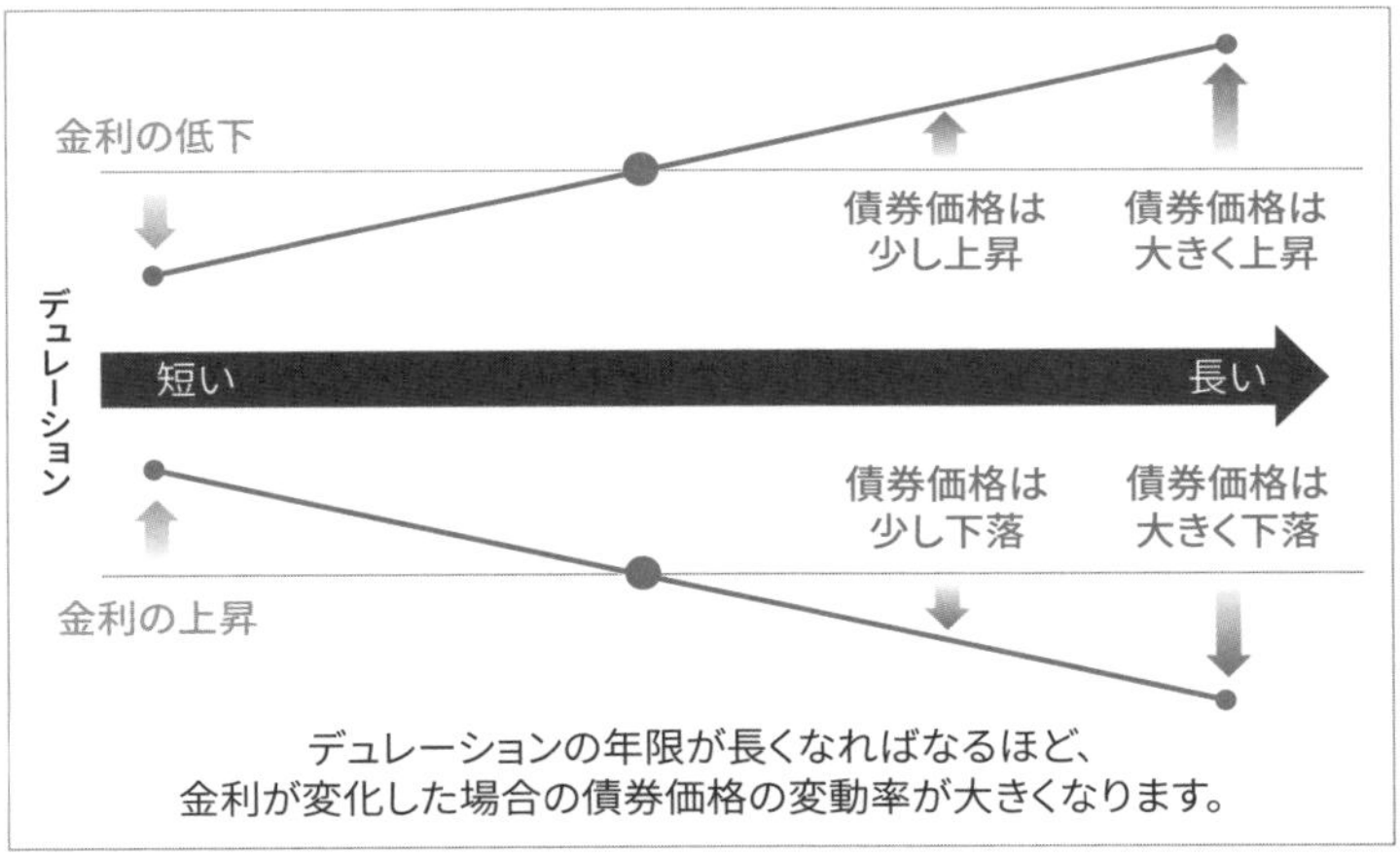

まとめると、債券投資において短期間で大きな利益を狙う方法は、債券価格が低くなっている金利の高い時にボラティリティが大きくなりやすい高格付けの長期債を購入し、金利が下がるのを待つ戦略です。

3-4

債券投資の派生形①

米金利高ならチャンス有「外貨MMF」

米国の金利が上がっている今こそ外貨建てMMFを上手に活用しよう

米国の市場金利が高い現在では、債券投資の派生形として、外貨建てMMFに投資するのも一つの方法です。

外貨建てMMFとは「Money Market Fund」の略で、投資信託の一種です。格付けの高い短期の国債や地方債、社債などの短期金融資産を中心に運用します。外貨建てと名前がついている通り、米ドルやトルコリラなどの外貨で運用します。

外貨建てMMFで運用する債券は高い格付けで、残存期間が数か月以内などの短期債を中心に運用するため、リスクが低いという特徴があります。

債券には残存期間が長いほど価格のボラティリティが大きくなるという特性があります。ボラティリティとは価格変動の度合いのことで、ボラティリティが大きい＝債券価格の動きが大きく、ボラティリティが小さい＝債券価格の動きが小さくなります。

つまり、**残存期間が短い短期債を中心に運用する外貨建てＭＭＦは、保有している最中に市場金利が変動しても債券価格のボラティリティが小さいため、価格変動リスクも低くなるので、安全性が非常に高い投資信託**と言われています。

もちろん、外貨建てＭＭＦは投資信託なので、元本割れのリスクはあります。安全性が非常に高いとされていますが、元本割れのリスクがある点は注意しましょう。

また、外貨で運用するため、為替変動リスクがあるという点も留意しておきましょう。外貨ＭＭＦの購入時よりも円安に動いたら利益になりますが、円高に動いた場合は利益が目減りし、場合によっては損失となる可能性もあります。

外貨建ての金融商品を運用する場合は、常に為替変動リスクがある点にも気をつけましょう。

外貨建てＭＭＦの特徴としては、市場金利との相関性が強い点です。つまり、**金利が高い時は利回りが高く、金利が低い時は利回りが低くなります。**

特に、現在は米国の金利が上がっているため、米ドル建てのＭＭＦの利回りは上昇しています。

例えば、2023年8月21日時点だと、利回りが5%弱の米ドル建てのMMFもあります。次の上段の図はSBI証券で取り扱っている外貨建てMMFですが、ゴールドマン・サックス米ドル建てMMFは4・850%の利回りとなっています。

外貨建てMMFはよく外貨預金と比較されますが、米ドル建てMMFと外貨預金を比較しても、米ドル建てMMFの方が金利は高くなっています。

次の下段の図は三井住友銀行の外貨普通預金の金利ですが、2023年8月21日時点の米ドルの金利は0・010%です。金利が高めのソニー銀行でも米ドルの金利は0・7%です。

米ドル建てMMFだと利回りが4・8%以上の銘柄もあるので、投資せずに資金を証券会社の口座に置いておく、もしくは外貨預金として預けておくのなら、利回りが高くなっている米ドル建てMMFを資金のプール場所として活用する方がお勧めです。

なお、外貨定期預金と比較した場合は、外貨定期預金の方が外貨建てMMFよりも金利が高い場合もあります。

年率換算利回り（税引前）と為替チャート

米ドル	ブラックロック・スーパー・マネー・マーケット・ファンド	4.8260%
	ニッコウ・マネー・マーケット・ファンド	4.6720%
	ノムラ・グローバル・セレクト・トラスト	4.6920%
	ゴールドマン・サックス	4.8500%
南アフリカランド	ホライズン・トラスト	7.4350%
トルコリラ	トルコ・リラ・マネー・マーケットファンド	16.534%

出典：SBI証券HP「外貨建MMF」2023年8月21日掲載の情報を元に作成（https://site0.sbisec.co.jp/marble/fund/fmmf/servicelist.do）

外貨普通預金金利（標準金利）

米ドル	ユーロ	英ポンド
0.010%	0.010%	0.010%

スイスフラン	オーストラリアドル	ニュージーランドドル
0.010%	0.010%	0.010%

出典：三井住友銀行HP「外貨預金金利」2023年8月21日掲載の情報を元に作成（https://www.smbc.co.jp/kojin/kinri/gaika.html）

ただし、外貨定期預金は基本的に満期日までは引き出すことができません。解約自体は可能ですが、利率が下がってしまうなどの解約ペナルティが発生します。外貨ＭＭＦはいつでも売却が可能なため、再投資がしやすいメリットがあります。

一方で、外貨建てＭＭＦは市場金利と連動しやすいという特徴もあります。いまは利回りが４・８％台の米ドル建てＭＭＦでも、米国の市場金利が将来的に下落したら利回りも低下するということです。

仮に10年という長期スパンで見た時でも、４・８％の利回りが10年間保証され続けるわけではありません。

外貨建てＭＭＦは投資信託であるため、高金利でロックして保有ができないという点に注意が必要です。

反対に、個別債券だと利回り４％で償還期限が10年後の債券を購入すれば、たとえ金利が下落しても償還までは４％の利回りが保証されます。

例えば、償還期限が２０３３年で利回りが４％の債券を購入すれば、２０３３年まで４％の利回りが続きます。

そのため、**外貨建てＭＭＦは投資先として積極的に活用するよりも、金利が高い時に資金を一時的にプールしておく場所として活用する方法が良い**と思います。

そして、金利が低下しそうなら外貨ＭＭＦを売却し、株式や長期債に投資した方が、投資効率は良いでしょう。

金利が高い今だからこそ、利回りが高くなっていて、流動性も高い外貨ＭＭＦを上手に活用しましょう。

3-5

債券投資の派生形②

知っておいて損はない「ドル建て生命保険」

評判の良くない外貨建て貯蓄型生命保険も今ならメリットがある、かも？

一般的に評判の良くない外貨建て貯蓄型保険（貯蓄性保険）ですが、米国の金利が高くなっている時期だからこそ、資産運用の一つの方法としてドル建ての貯蓄型保険を検討しても悪くはないと思います（良いとは言いません）。

生命保険には掛け捨て型保険と、貯蓄型保険があります。掛け捨て型は毎月一定の保険料を払って死亡保障などの保障を得る保険です。毎月支払ったお金は基本的に返ってきません。

貯蓄型保険とは、保険料を積み立てていく保険で、解約時には解約返戻金、満期時には

満期保険金としてお金が戻ってきます。積み立てたお金はいつか返ってくる保険です。

一例としては、終身保険や養老保険、個人年金保険などが挙げられます。

貯蓄型保険で支払った保険料は株式や債券で運用されます。イメージとしては、保障と運用が一体化した保険です。

ただし、**私を含めた資産運用の専門家は多くの場合、貯蓄型保険をお勧めしていません。なぜ貯蓄型保険が良くないかというと、手数料が高いからです。**

一般的に貯蓄型保険は、加入時に「契約時費用」という購入手数料を支払います。加入する保険にもよりますが、外貨建ての場合、この契約時費用が5～10％になることも珍しくありません。つまり1000万円分で加入しても、900～950万円で運用が始まるわけです。これではなかなか効率的な運用ができないことは容易に想像できるはずです。

さらに言うと、多くの場合は保障内容を維持するためや運用するためのランニングコストも別途かかってきます。

掛け捨て型の保険の方がコストは安いため「保障部分は掛け捨て型、資産形成はつみたてＮＩＳＡを利用して自分で運用する方が投資効率は良い」という理屈です。

しかし、2023年9月現在は米国の金利が高い状況であるため、ドル建ての貯蓄型保険での運用も悪くない選択肢と思われます（あくまで「悪くない」です）。

なぜ、米国の金利が高い状況だと生命保険での運用が悪くないかというと、

①保障を確保しつつ市場金利とほぼ同じ利率でロックして運用できる

②死亡保障にレバレッジがかかりやすい

の2点が挙げられます。それぞれ解説していきます。

①保障を確保しつつ市場金利とほぼ同じ利率でロックして運用できる

これは具体例を挙げて解説していきましょう。次の図は、ある外資系保険会社で実際に販売されている商品のシミュレーションです。今回は、30歳男性がこの保険に1000万円（1ドル＝145円計算で6万8965・52ドル）を払い込んだと仮定します。

基準利率は5・13％で、これが向こう20年間は保障されます。ただ前述のように、諸々の手数料が引かれますので、1000万円を20年間5・13％で回し続けることができるわけではありません。このシミュレーションによると、20年後には16万1990ドル、

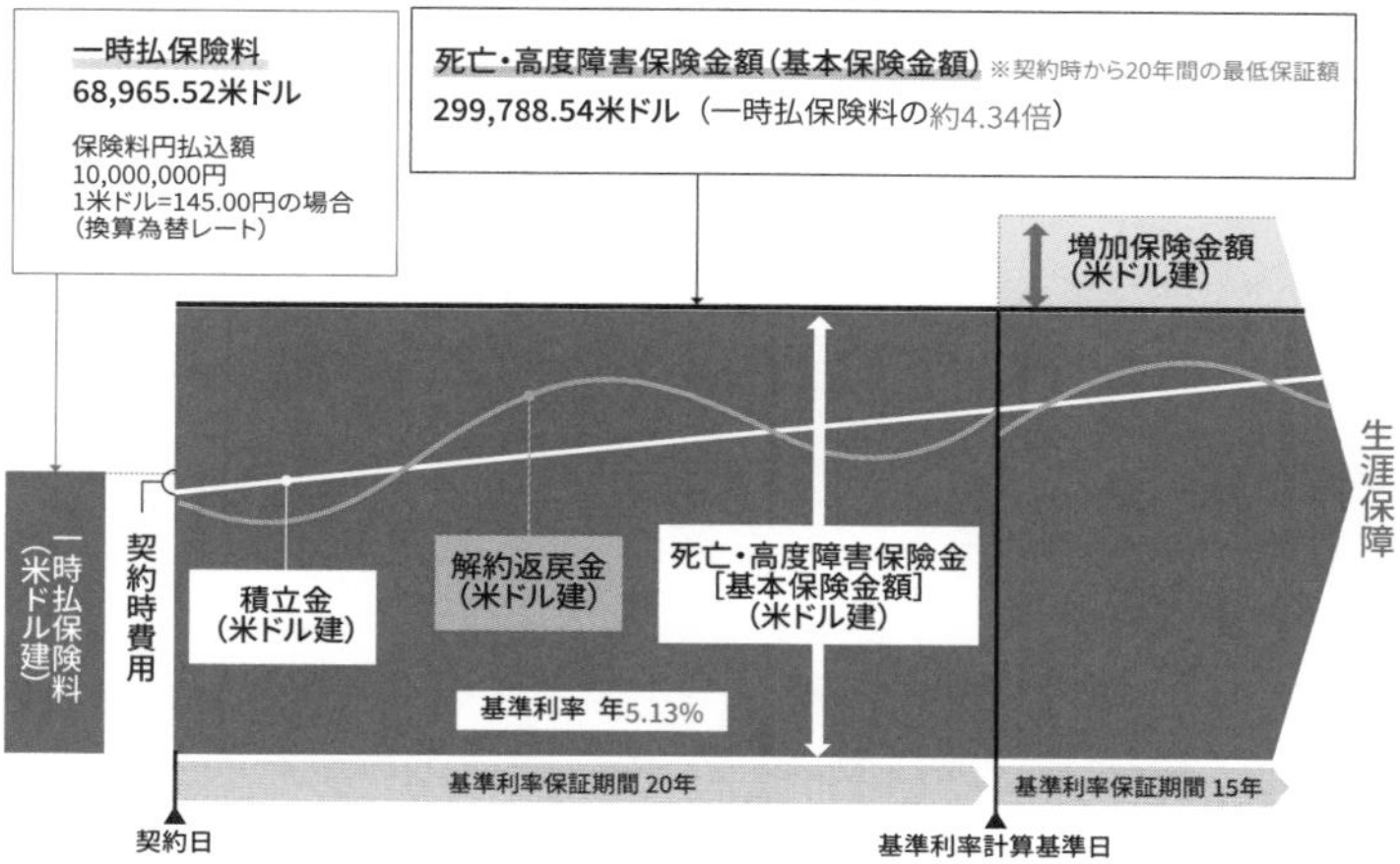

234・8％増加まで増えると書かれています。

これは1年複利で実質の利回りに直しますと、約4・36％です。それでは、この保険シミュレーションの米国20年債利回りは何％でしょうか。過去のデータを調べると4・27％でした。

つまり、**この保険に入ると、向こう20年間保障が続くにもかかわらず、加入時の米国20年債利回り（市場金利）を若干上回る運用ができる**わけです。この4・36％は外資系保険会社のクレジットリスクを背負ったうえでの数字ですので、一概に米国20年利回りと比べることはできませんが、利回りが上回っていることは事実です。

ただし、各保険会社によって保険の特徴や積

属性	死亡保険金	レバレッジ
30歳男性	29万9778ドル	約4.34倍
40歳男性	24万6888ドル	約3.57倍
50歳男性	20万1735ドル	約2.92倍
60歳男性	16万2545ドル	約2.35倍
70歳男性	12万5438ドル	約1.81倍

立利率は異なるため、保険に加入する前にしっかりと比較検討しましょう。

②死亡保障にレバレッジがかかりやすい

次に2つ目のメリットである「死亡保障にレバレッジがかかりやすい」について解説していきます。一時払い終身保険にはレバレッジ終身と呼ばれる、死亡保障にレバレッジがかかる保険があります。レバレッジは基準利率が高いほど大きくなります。

つまり、**金利水準が高い時にレバレッジ終身に加入しておけば、高いレバレッジの死亡保証を受け取ることができる**ということです。

ここで再びP125の図をご覧ください。払い込んだ金額は6万8965・52ドルにも関わらず、右上の「死亡・高度障害保険金額」には29万９７８８・54ドルと書かれています。これは一時払保険料の約４・34倍です。

つまり、**この30歳男性の身に万が一のことがあると、ドル円レートに変化がない前提であれば、約４３４０万円の死亡保障が受け取れるわけです。**もちろん、前述のメリット１を享受したうえで、このメリット２も受け取ることができます。

年齢が上がるほどレバレッジは下がりますが、60歳や70歳でも１・５〜２倍のレバレッジがかかる場合もあります。30代〜40代の若い人なら３倍〜４倍のレバレッジがかかることが一般的です。例えば、図と全く同じ保険に同金額で加入した場合、各年代では右図のような死亡・高度障害保険金額を受け取れます（２０２３年７月時点のデータ）。

市場金利が高い今だからこそ、**①保障を確保しつつ市場金利とほぼ同じ利率でロックして運用できる、②死亡保障にレバレッジがかかりやすいという2つのメリットがあるので、ドル建て生命保険での運用も悪くない時期**だと思います。

ただし、外貨建ての貯蓄型保険にはリスクやデメリットもあります。掛け捨て型の保険と比較すると、毎月の保険料が高くなります。また、中途解約をすると、元本割れの可能性もあるので注意しましょう。

さらに、手数料の高い外貨建て保険で貯蓄と保障を同時に実現するくらいであれば、別々に用意したほうが合理的ではないか、という意見は一定の説得力があります。

例えば、上記の30歳男性の例のように、1000万円分の保険に入って4340万円分の死亡保障を用意するくらいであれば、1000万円は自分で株式インデックスファンドなどで運用し、掛け捨て保険で4340万円分の保障を用意する、といったイメージです。

そして、現在の金利をロックするということは、将来的に金利が上がってしまった場合に非効率になってしまうケースもあります。

外貨建てのため当然ですが、為替リスクもあります。購入時よりも円高になればリターンも減るということをしっかりと把握しておきましょう。

ちなみに念の為ですが、私は貯蓄型保険をお勧めしているわけではありません。基本的に資産形成層は、貯蓄型保険に入る必要はないと思っています。保障は掛け捨て保険でカバーし、運用は自分でネット証券で行えば十分です。

あくまで「利率やレバレッジなどの条件が良くなっている今だからこそ保険のメリットが大きくなっていますよ」という話です。そのメリットを享受できる層をあえて挙げるとすれば、まとまった資金を投下できる富裕層でしょう。特に地主や未上場企業オーナーなど「自分に万が一のことがあった際に、流動性が低い資産ばかりが遺産となってしまい、相続人が相続税を支払うのに苦労する」と思われる富裕層は、このレバレッジ終身保険がハマる可能性があります。

3-6

今注目したい債券ETF①

米国債投資の初心者はまずはコレ「AGG」

AGG（iシェアーズ・コア米国総合債券市場ETF）

AGGは米国の債券市場に広く投資する債券ETFの中心的存在です。iシェアーズというシリーズは、世界最大クラスの運用会社であるブラックロック社が運用しています。純資産は2023年8月時点で約900億ドル、日本円換算で約13兆円と、非常に大きなETFです。**連動しているインデックスはブルームバーグ米国総合債券インデックス**です。

ブルームバーグ米国総合債券インデックスとは、**外国債券のベンチマークとして利用されており、米国債券市場を代表する有名なインデックス**です。

AGGの株価を見ていきます。次のチャートはAGGの過去5年間の株価チャートですが、2022年から下落が続いています。これはコロナショックで低下していた米国の金

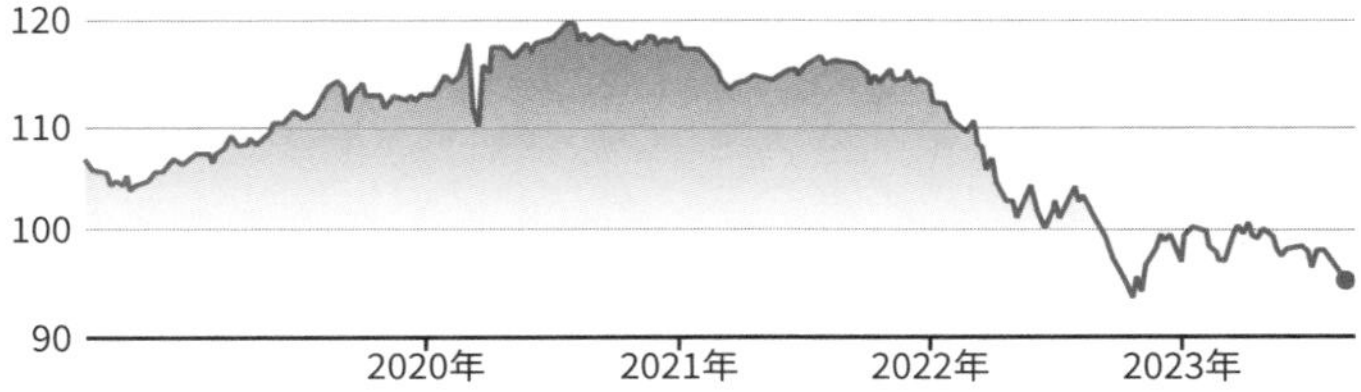

利が、２０２２年から上昇したことで下落したと考えられます。２０２３年も引き続き米国が利上げを行っているため下落は続き、２０２３年8月22日時点では１００ドルを下回っています。

この株価の下落は「金利が上がれば債券価格は下落する」という債券の特徴を考えれば自然な反応だと思われ、将来的に米国の金利が低下すれば株価は上昇していくと考えられます。

私自身の考えとしては、ＡＧＧにそこまで投資妙味が大きいと考えているわけではありません。ただし、ＡＧＧは債券市場において非常にポピュラーな銘柄（代表的なインデックスに連動するＥＴＦ）で、多くの人がチェックしています。イメージとしては、株式市場における S&P500 のような存在です。

今注目したい債券ＥＴＦ②

キャピタルゲインを狙うなら「ＴＬＴ」

ＴＬＴ（ｉシェアーズ米国債20年超ＥＴＦ）

２つ目はＴＬＴで、ｉシェアーズ米国債20年超ＥＴＦというＥＴＦです。名前が示すとおり、20年以上の残存期間のある米国債を投資対象にしています。

ＴＬＴの基本情報を見ていきます（２０２３年８月22日時点）。運用会社はブラックロックで、純資産は約３８０億ドル。米国債20年超指数と連動します。分配金利回りは３・32％です。加重平均した残存期間は25・22年と長いので、金利が低下していけば、株価が上がっていくのではないかと思います。

次のチャートはＴＬＴの過去5年の値動きです。２０２０年のコロナショック時の金利低下でピークをつけ、それから２０２２年の米国の連続利上げで株価は低下しています。２０２３年８月22日時点では１００ドルを割っています。

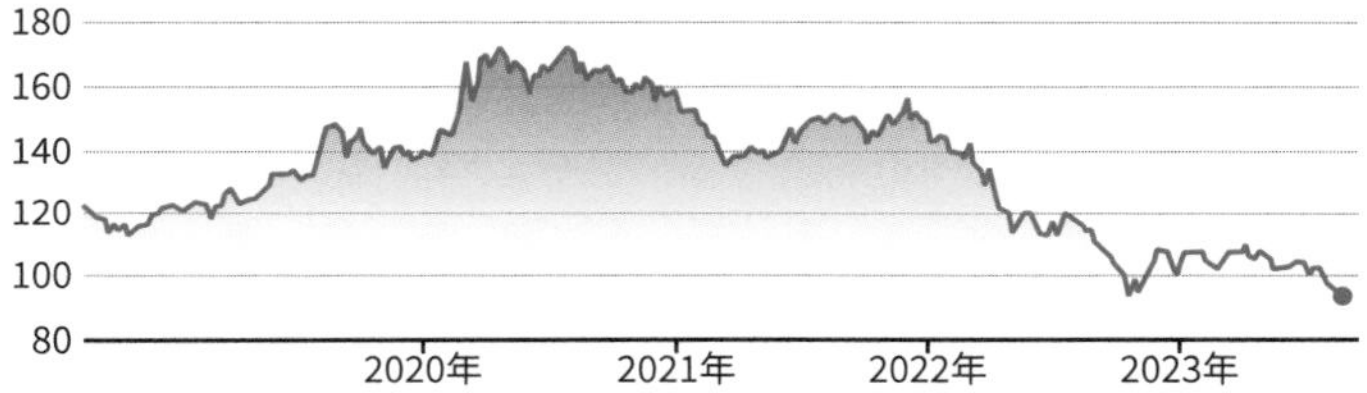

ただし、金利が大きく低下していけば、前述のＡＧＧ以上に株価も大きく上昇していくと思われ、キャピタルゲインを取れる余地は高いと思われます。

私見ですが、今後1年～2年において米国の市場金利は下落すると考えています。金利が高い今だからこそ、残存期間の長い債券を購入し、金利が下落する時を待つという方法が大きなキャピタルゲインを期待できるという理屈です。

ＴＬＴのように残存年数20年以上の債券に投資するＥＴＦなら、キャピタルゲインを期待できると思われるので、注目しています。

もし、債券ＥＴＦでポートフォリオを組むなら、ＴＬＴはコア資産の一つになると思います。

今注目したい債券ＥＴＦ③

東証上場のため日本円で購入可能「２６２１」

２６２１（iシェアーズ米国債20年超ＥＴＦ）（為替ヘッジあり）

２６２１は日本の東京証券取引所に上場しているＥＴＦです。日本円で購入できるので、日本人投資家でも取引しやすいと思います。名前の通り、②で紹介したＴＬＴの為替ヘッジありバージョンです。

為替ヘッジとは、あらかじめ将来の為替レートを予約しておくことで為替変動の影響を押さえる仕組みです。ＴＬＴはドル建てなので為替リスクが発生しますが、**２６２１は為替ヘッジがついているので、仮に円高が来ても、株価は大きくは低下しません。**

２６２１の基本情報ですが、運用会社はＴＬＴと同じブラックロックで、ＦＴＳＥ米国債20年超セレクト・インデックス（国内投信用円ヘッジ円ベース）と連動します。純資産は

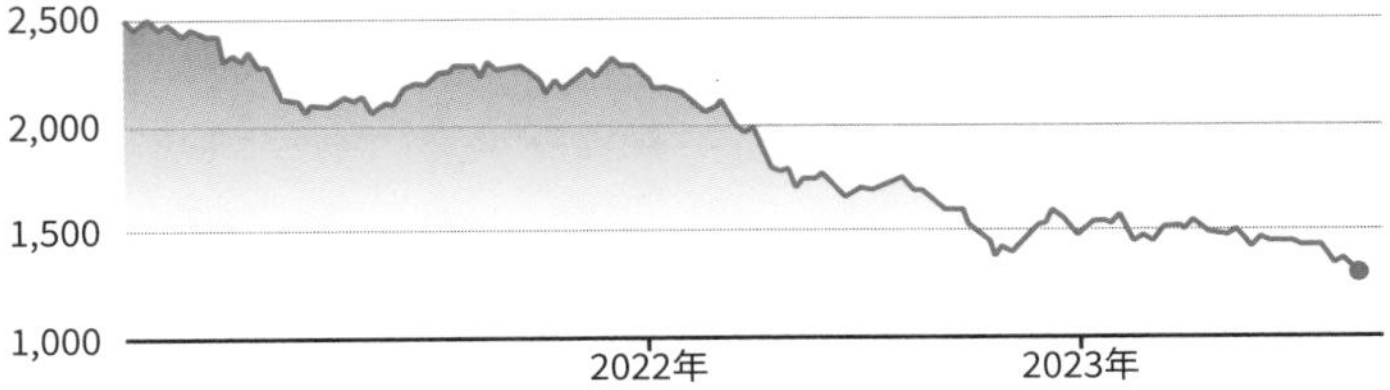

７４０億円、分配金利回りは２・66％です（２０２３年8月22日時点）。上場しているのが東京証券取引所であることがＴＬＴとの大きな違いです。

加重平均した残存期間は２６・56年なので、金利が低下していけば株価は上がっていくと思います。

上のチャートは２６２１の株価推移です。上場日が２０２０年10月と比較的新しいため、３年分しかありませんが、２０２２年から下落しています。

２０２３年8月22日時点の株価は１３００円弱で、２０２２年年初（約２２００円）から約９００円下落しています。

私のYouTubeチャンネルには「為替ヘッジがついた２６２１についてどう思うか？」というコメントが度々寄せられます。それに対して、いつも「早期かつ強烈な円高が来ると思っているのであれば、2621もありではないか」と回答しています。

なぜ私があまり2621に前向きではないかというと、為替ヘッジを行うためには、為替ヘッジコストが発生するためです。

為替ヘッジコストは基本的に米国と日本の短期金利の差がコストになるため、特に両国の短期金利が開いている現在のような状況ではコストが増えてしまうデメリットがあります。2023年8月において、日米の短期金利差は約5%あり、この5%分のコストは当然、投資家のお金である純資産から支払われます（分配金利回りがTLTの3・32%に比べて、2・66%と若干低くなっているのは、このヘッジコストが主な原因と思われます）。

早期かつ強烈な円高が来るのであれば、2621はTLTをアウトパフォームするはずですが、個人的には為替リスクを受け入れて、ドルベースで運用したほうが、中長期的にはパフォーマンスが上がると思っている派です。少なくとも現時点において、2621を強くお勧めすることはないですが、為替ヘッジをしたい人には良いETFだと思います。

3-9

今注目したい債券ETF④ TLTのゼロクーポン債バージョン「EDV」

EDV（バンガード超長期米国債ETF）

EDVを一言で言えば、TLTのゼロクーポン債バージョンです。連動するインデックスは「ブルームバーグ・トレジャリー・ストリップス債20─30年イコール・パー・ボンド・インデックス」です。ここからも分かるように、**残存が20年から30年の間の米国債のゼロクーポン債をパッケージ化したもの**です。

ここでゼロクーポン債（ストリップス債）について改めて説明します。**ゼロクーポン債とは、クーポン（利金）の支払いがない代わりに、額面よりも低い価格で（割引されて）発行される債券のこと**です。割引債とも呼ばれ、額面金額の100％で償還されるため購入価格と額面価格の差額が利益となり、償還差益を狙うことができます。

例えば単価33で発行されて、満期30年であれば、30年後に単価100になるわけですから、30年かけて元本が約3倍になるわけですね。

それではEDVの基本条件を見ていきましょう（2023年8月22日時点）。運用会社はバンガードで、運用総額は約20億ドルです。分配金利回りは3・7%程度で、公式ホームページを見ると、平均デュレーションは24・2年と書かれています。

ゼロクーポン債は償還期間とデュレーションが等しくなるので、EDVの平均残存期間が24・2年だと捉えて良いでしょう。**TLTの加重平均した残存期間が25・22年でしたので、ほぼ同じ長さです。そのため、両者のパフォーマンスに大きな差は出ないと思われます。**

EDVの過去5年間の値動きは次の図をご覧下さい（2023年8月22日時点）。

前述の理由から、TLTとほとんど同じようなチャートになっています。2022年年初は約140ドルでしたが、2023年8月時点では75ドルを割っていますので、1年8か月で株価は約半分になってしまいました。これは当然、米国長期金利が急上昇していることが要因です。逆に、今後金利が下がると思っている人にとっては、良いエントリーポイントであるとも言えます。

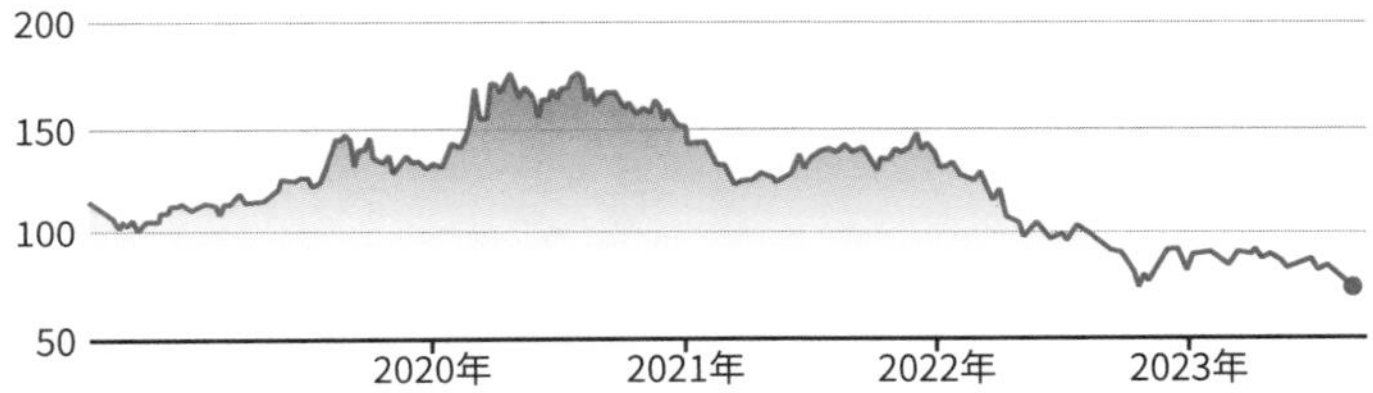

ファンド規模で言えば圧倒的にＴＬＴの方が大きく、米国債の長期債の動向を見る際により適しているのはＴＬＴと言えますが、ゼロクーポン債の集合体であるＥＤＶも同時にしっかり確認するようにしましょう。

3-10

今注目したい債券ETF⑤

ハイリスク・ハイリターンの「TMF」

TMF（Direxionデイリー20年超米国債ブル3倍ETF）

TMFを一言で言えば、TLTやEDVのハイリスク・ハイリターン商品です。

前述の通り、残存期間が長い債券ほど金利変動に対する債券価格のボラティリティが大きいので、長期債を買うこと自体がハイリスク・ハイリターンと言えなくもありません。

しかし、**TMFは真性のハイリスク・ハイリターン商品なので、取り扱いには十分注意が必要**です。

それでは、TMFはどのようなETFかというと、**ICE米国国債20年超指数の300%の日次リターンを目指すファンド**です（あくまで「目指す」であり、必ずきっかり300%のリターンになるわけではありません）。

ICE米国国債20年超指数とはその名の通り、残存が20年以上ある米国債がパッケージ

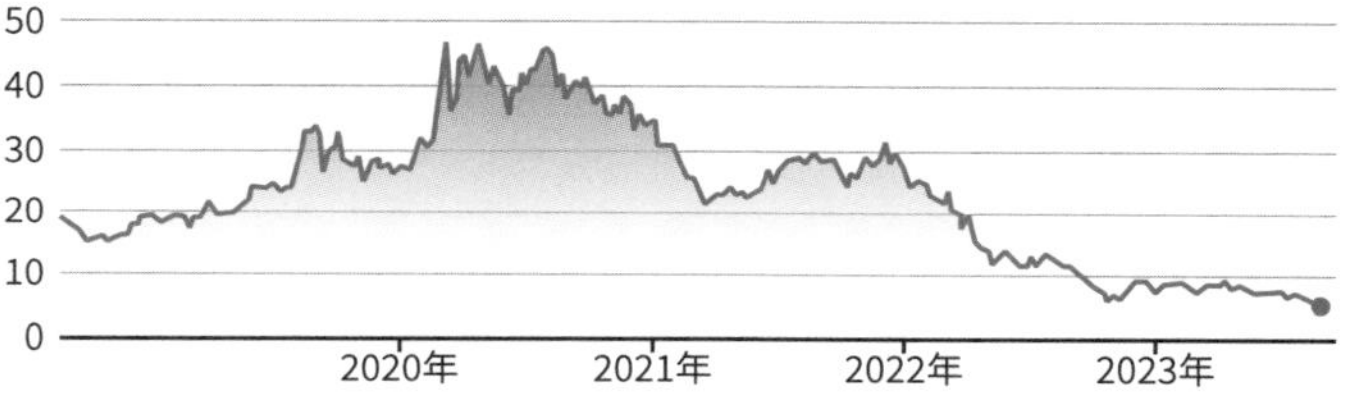

化されたインデックスです。つまりＴＭＦは、**残存が20年以上ある米国債に3倍のレバレッジをかけたファンド（レバレッジ型投資信託）**です。だからこそ名称にも「ブル３倍」とついています。

ちなみにブルとは上昇を指しており、ブル３倍とは投資対象の価格が上がった時に３倍のリターンを得られることを示します。

反対にベアは下落を指しており、ベア３倍という名称がついているファンドは、投資対象の価格が下がった時に（その下がり幅の）３倍のリターンを得られることを示します。

ＴＭＦはDirexionという運用会社が運用しており、２０２３年８月22日時点の純資産総額は約22億ドルで、ＥＤＶと大体同じくらいのサイズです。分配金利回りは３・39％、平均残存期間は25・99年です。平均残存期間はＴＬＴとＥＤＶとほとんど同じですので、基本的にこの両者の３倍の部動きをすると考えれば良いでしょう。

ＴＭＦの直近5年間の値動きはＰ１４１の図をご覧下さい。２０２２年年初は28ドルを超えていましたが、２０２３年8月22日時点では6ドルを割ってしまっています。１年8か月で株価が１／5近くになりました。

なぜこれだけ大きな値動きをするかというと、**そもそも長期債に投資しているため債券価格が大きく下落しやすいことに加えて、２０２２年年初から強烈な金利上昇が起こり、そこに3倍のレバレッジをかけている**ためです。レバレッジの威力（恐ろしさ）が分かるチャートですね。反対に言えば、ここから金利が大きく下がるのであれば、このＴＭＦの株価は非常に大きく反発することが予想されます。

ただ、3倍ものレバレッジがかかっているので、購入には慎重になるべきでしょう。特に、これはＴＭＦのようなレバレッジ型投資信託の宿命ですが、凪相場（横ばい相場）が続いた場合は、株価が逓減してしまいます。

レバレッジ型投資信託の中でも特に有名なレバナス（楽天レバレッジ NASDAQ-100）の目論見書から引用した次の図をご覧下さい。4日間運用するとして、対象としているインデックス（灰色）は4日後に１００が１００に戻っていますが、レバナスは１００が96に

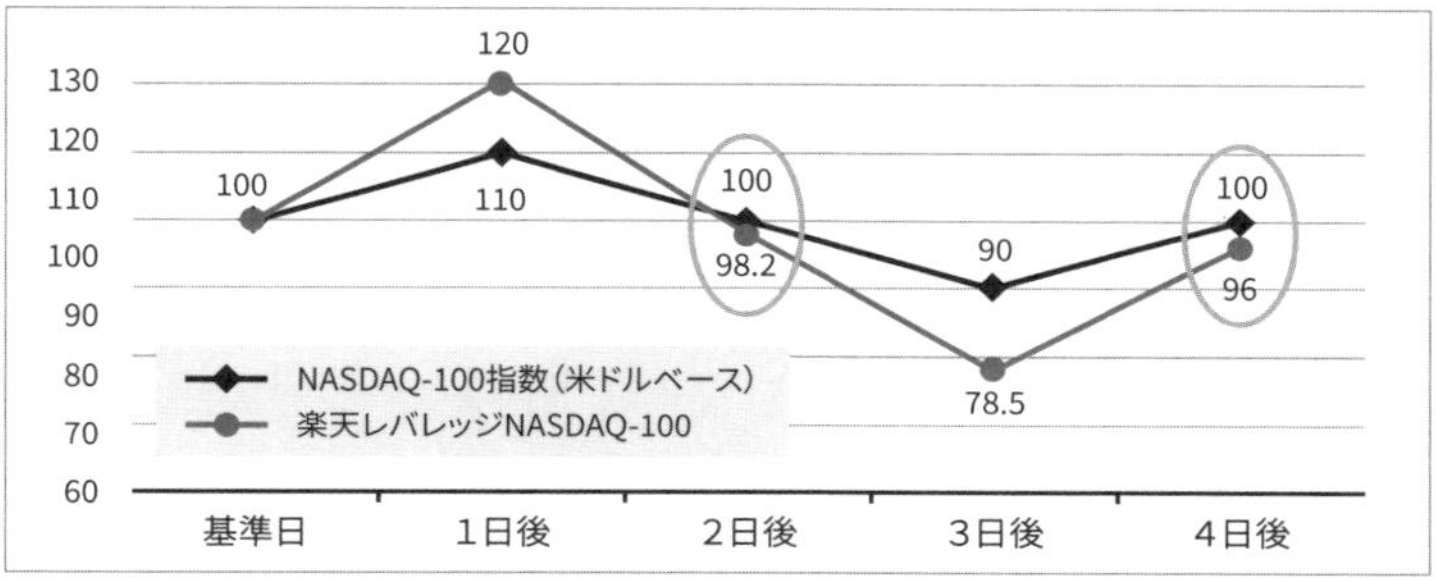

しか戻っていません。

　このように、レバレッジ型投資信託の対象インデックスが上昇・下落を繰り返した場合には、ファンドの株価は時間の経過とともに、徐々に小さくなってしまいます。

　レバナスやＴＭＦのようなレバレッジ型投資信託は、一般的に中長期の投資には向かず、比較的短期間の投資に向いている金融商品です。なおレバナスはレバレッジ３倍ではなく２倍ですが、根本的な問題はＴＭＦと同じですね。

　もちろん、あなたが「今後は短期間で大きな金利下落が来る」と思っているのであれば、ＴＭＦで勝負するのはアリです。ただ、本当に短期間で大きく金利が下落するかは誰にも分かりません。仮に金利が下落したとしても、そのスピードがゆっくりであれば、前述の理由から、あまり利益がでない可能性もあります。

ＴＭＦは興味深い商品設計のファンドではありますが、取り扱いには十分注意が必要でしょう。

第 4 章

金利上昇時の長期債を狙え！

米国債売買のタイミング

4-1

債券投資は金利優先で買え

債券投資は金利の状況を優先させるのがお勧め

投資全般に言えることですが、取引したいけど「もう少し様子を見てから」「もっと価格が上がる（下がる）かもしれない」と考えて足踏みをする人も多いと思います。

債券投資でも同じような悩みを持っている人はいて、「債券投資を始めてみたいけど、いつ購入すれば良いですか」という質問をよく貰います。

金利が○％を超えたら買う、米ドル／円が○円になったら買うと一定の目安を決めて売買している人もいますが、相場はいつも想定通りに動くわけではないので、チャンスをうかがっていたらタイミングを失って買えなかったという人も多いようです。

私は２０２３年９月現在の相場環境においては、米ドル建て債券が絶好の買いタイミングだと考えているので、ここでは米ドル建て債券を購入するタイミングを解説していきま

す。

米ドル建て債券を購入するタイミングですが、**基本的には金利の高い時が購入するべきタイミング**だと思います。２０２３年９月現在は米国の市場金利が高くなっているため、米ドル建て債券で利益を出す大きなチャンスはということです。

為替レートを気にする人もいると思いますが、**米ドル／円のレートが下がった、上がったについてはあまり気にせず、金利優先で買った方が長期的な勝率は高くなる**と思います。

２０２３年９月現在における米国の10年債利回りは４・０％～４・３％ほどで推移しており、リーマンショック以降では最高水準です。

債券の金利と債券価格は逆相関するという性質を考慮すると、市場金利が高い＝債券価格は下落していると考えられます。

この２つの観点を踏まえると、**米国の債券相場は歴史的なバーゲンセール状態**だと考えられ、今こそ米国債券を買う絶好の機会だと思います。

その点を踏まえて、米国債券の購入タイミングについて解説していきます。

2023年の米国の市場金利は高水準

出典:TradingView
※2023年9月3日時点のチャート

2023年9月3日時点の米国債10年利回りは3.8%～4%まで上昇しており、リーマンショック後としては最高水準です。利回りが上昇している＝債券単価が下落しているということなので、米ドル建て債券を購入する絶好のチャンスと言えます。

米国債券の運用パフォーマンスを左右する要素には、債券価格と為替の２つの要素があります。そして、利回りと為替の関係から、投資タイミングを表にしたものがこの図です。**投資する最も良いタイミングは、ドル安円高かつ債券価格が低い状況**です。

なぜドル安円高かつ債券価格が低い状況が良いかというと、債券価格が低い＝市場金利が高いということなので、高い利回りでロックして保有でき、金利が低下していけば債券価格が上昇して値上がり益を狙えるからです。さらに円高に購入するということは、円安になれば為替差益を期待できるという3つのメリットがあります。

反対に、**投資するタイミングとして、最悪なのがドル高円安かつ債券価格が高い状況**です。債券価格が高い＝市場金利が低い時なので、購入すれば低い利回りでロックされますし、金利が上昇していけば債券価格が下落していきます。そして円高になれば為替差損となるので、デメリットが大きく、わざわざ債券投資をする必要がない状況です。

つまり、ドル安円高かつ債券価格が低い時に買うのがベストということです。

とは言うものの「ドル安円高かつ債券価格が低い時」や「ドル高円安かつ債券価格が高い時」はそんなにありません。なぜなら、債券価格が高い＝米国金利が低い時であり、米国金利が低い時≒日米金利差が縮小して円高に振れやすいためです（逆も然りです）。

そんなときは米国の金利を優先して見ていきましょう。**仮に円安でも、米ドル建て債券の単価が低い＝金利が高い時に買うのは投資タイミングとしてはベターです。**図で表すなら、赤のカコミのタイミングです。

つまり、2023年現在は円安傾向ですが、米国の市場金利が高いため、米ドル建て債券を購入するのは良いタイミングといえるのです。
そして、私が米ドル債券は金利優先で買うべきと考えるのは

①尻込みは確実に機会損失となる
②為替の損益分岐為替は確実に低下
③長期債なら単価上昇が勝つ
④長期的には円安が見込まれる

という4つの理由があります。

①尻込みは確実に機会損失となる

債券は保有期間に応じて利金（クーポン）を貰えます。長く保有すればするほど、利金も積み上がりますし、**購入が遅れるほどもらえる利金が減ります。**

例えば、1億円で1年間のクーポン利回りが4％の債券があったとします。単純計算で1年間の利金は400万円を貰えます。もし1月に投資しようと考えて、しかし色々と尻込みしてしまい、実際に購入したのは4月だったとします。そうすると、3か月間（1月

〜3月の分）のクーポンを受け取れず、１年間のうち４分の１である１００万円の機会損失になります。

もちろん、金利上昇や為替変動によっては、購入を待った方が利益になる可能性もありますが、少なくとも購入の判断を遅らせることは、確実にクーポンの機会損失に繋がります。一方で金利変動や為替変動は不確実要素です。どちらに転ぶか分かりません。債券を投資方法に選ぶ方は、どちらかというと安定的な運用をしたい人が多いと思いますし、それであれば確実に期間損失を潰したほうが良いのではないかという考え方です。

②為替の損益分岐為替は確実に低下

債券は利回り固定型の金融商品なので、保有しているとインカムゲインが積みあがります。

その積みあがるインカムゲインによって為替レートの損益分岐点は着実に切り下がります。次の図をご覧ください。こちらは１ドル１４０円のときに５％利回り債券を買った場合のシミュレーションです。資産価値は毎年５％増えていき、そのぶん損益分岐為替が下

	0年	1年	2年	3年	4年
資産価値	100.00	105.00	110.00	115.00	120.00
損益分岐	140.00	133.33	127.27	121.74	116.67

5年	6年	7年	8年	9年	10年
125.00	130.00	135.00	140.00	145.00	150.00
112.00	107.69	103.70	100.00	96.55	93.33

がっていることが分かります。手数料や税金は考慮していないので、実際はもう少し損益分岐為替は切り上がりますが、10年後は1ドル100円の円高にも耐えられる計算です。

つまり、**インカムゲインが積みあがるため、仮に債券の購入時よりも円高に動いたとしても、長期保有をするほどトータルリターンで利益となる可能性は高くなります。**

③長期債なら単価上昇が勝つ

債券の特性として、残存期間が長くなれば長くなるほど債券価格のボラティリティが大きくなります。

そして、金利と債券価格は逆相関の関係にあります。金利が上昇したら債券価格は下落し、金利が下落したら債券価格は上昇します。

つまり、**金利が高い時に長期債を購入しておくと、金利が**

低下するにつれて値上がり益を取れる可能性が高いということです。

これはあくまで長期債を買う前提の話ですが、債券投資は金利優先で買えというのは、将来的な金利低下で値上がり益が取れるというメリットがあることも理由の一つです。

２０２３年９月現在は米国の市場金利が高いので、値上がり益を狙えるチャンスです。

仮に為替が円高になったとしても、値上がり益の方が大きくなれば利益を得られます。

そして、長期債になればなるほど、金利が１％動いたときは「債券価格のボラティリティ＞為替のボラティリティ」となるはずです。したがって「仮に為替で10％負けても、単価上昇で30％取れればいいじゃないか」というロジックが成り立ちます。

なお、格付けの高い債券の方が債券価格のボラティリティが大きくなるという特性を反映しやすいので、**キャピタルゲイン狙いであれば、残存期間の長い高格付けの債券を狙いましょう。**

④長期的には円安が見込まれる

未来のことは誰にも分かりませんが、日米の経済力の差を考えれば、少なくとも長期的には円安が進むと思います。

日本は今後、想定通りの超高齢化＋想定以上の超少子化に見舞われることが確実視されています。一方で米国の人口は国連データによると、２０１９年は3億２９１０万人でしたが、２１００年には4億３３８５万人になります。約80年で1億人以上増える計算です。生産年齢人口を見ても、２０００年比で30％以上増えると予想されています。人口動態全てではありませんが、日米の経済力は今後ますます差が開くと考えるのが妥当でしょう。

つまり、**多少の円安水準で債券を掴んでしまったとしてもいつの日にか「お迎え」が来る可能性はそれなりにあると思います。仮に償還時に円高が来てしまった場合は、円転せずにそのままドルで運用を続ければ良い話です（償還したドルでドル建て債券やドル建てETFを買うなど）。**

長期で運用できるのであれば、段々と損益分岐為替が切り下がることも相まって、そこまで円高リスクは怖くないと言えるのではないでしょうか。

これらの4つの要素が、米ドル建て債券は米国の市場金利優先で（つまり金利が高い時に）購入するべきだと考える理由です。

これらの要素を考えると、米国の市場金利が高い２０２３年9月現在は、米ドル建て債券を購入する良いタイミングということが分かると思います。

ただし、例外的にタイミングを計るべき状況もあります。

長期債ではなく1年未満～3年くらいの短期債を購入する場合は、債券価格のボラティリティよりも為替のボラティリティの方が大きくなりやすく、そのため、値上がりによる利益よりも為替変動による損失の方が大きくなる可能性があるので注意が必要です。

いずれにしても、個人的には、こんなに金利が高い局面で短期債を購入するのはもったいないと思います。今のような高金利環境はなかなかもう来ないと思われますので、10年などの長い期間でロックしてしまって良いのではないでしょうか。

繰り返しですが、債券投資は基本的に金利が高い時に購入し、リターン（インカムゲイン）を積み重ねる方法が王道であることは間違いありません。

4-2 キャピタルゲインを狙う時のコツ

キャピタルゲインを狙う時は、あらかじめどこで売るか決めておくことが大切

本書で何度も解説しましたが、債券には、市場金利が上がれば債券価格は下落、市場金利が下がれば債券価格が上昇するという特性があります。

つまり、債券投資でキャピタルゲインを狙う方法としては、市場金利が高い時に買って、市場金利が下落したら売るという戦略が基本になります。

２０２３年９月現在において、債券投資でキャピタルゲインを狙いやすいのは米ドル建て債券です。なぜなら、米国の市場金利は４・０％〜４・３％台で推移しており、リーマンショック後としては最高値水準となっています。

つまり、米国の市場金利が高い今こそ米ドル建て債券を購入し、金利が下落した時を見計

らって売却することで、キャピタルゲインを狙える大きなチャンスと言えます。

そして、債券投資でキャピタルゲインを狙う場合、購入前に売却のシナリオを描いておくことが重要です。

金利が一定の水準を下回ったら売却する、債券価格が何％上昇したら売却する、債券を購入している国の中央銀行が金利を下げたら売却するなど、いつ売却するのかをあらかじめ決めておくと、売却しやすくなります。

例えば、現在の米国の市場金利が４・０％〜４・３％台で推移しているので「２％まで市場金利が下落したら売却する」などと決めておくと、実際に２％まで下落した時に、「まだ下がるのではないか」と判断を迷うことなく売却できると思います。

事前に売却や損切りなどのシナリオを描いておくことは、債券投資だけでなく、あらゆる投資において大切なことです。

また、キャピタルゲインを狙う際は格付けの高い長期債を購入しましょう。残存期間が長期になればなるほど金利変動時のボラティリティが大きくなります。つまり、大きな値上がり益を獲得できる可能性があるということです。

できれば、残存期間が30年前後の格付けの高い長期債を狙うと良いと思います。

なお、債券投資でキャピタルゲインを狙う場合、できるだけ債券価格が低い時に債券を買って、その分の値上がり益を取りたいと考える人も多いと思います。特にオーバーパー（債券価格が100を上回っている状態）を異常に嫌う人が一定数存在します。

しかし**「安い時に買って、高い時に売る」のは投資では基本的な考え方ですが、債券投資においてはあまり意味のない考え方だと思います。**

なぜなら、**債券価格が基準となる単価100を超えた時に購入したとしても、金利が下がっていけば価格が上昇するので、その分の値幅を獲得することができる**からです。

例えば、ある債券を単価120で購入したとします。債券は基本的に発行時に単価100で発行され、満期時も単価100で戻ってくるため、単価120は高値掴みだと思うかもしれません。しかし、市場金利が下がって債券価格が上昇し、単価140で売却できれば利益になります。とはいえ、現状において高格付けの長期債はアンダーパー（債券価格が100を下回っている状態）であることが多いので、結果的にアンダーパー銘柄が選択肢になることは多いと思います。

少なくとも根本的には、**債券投資でキャピタルゲインを狙う時は債券価格を見るのではなく、絶対的な金利水準が高い時を狙うべき**です。

そのことを踏まえると、**今の米国の金利水準はリーマンショック後としては最高水準なので、米ドル建て債券にキャピタルゲインを取れるチャンスがある**といえます。

ただし、債券は相対取引のため、一般の個人投資家は株式投資やFXのように、個別債券の単価をリアルタイムで見ることができません。

金融機関はブルームバーグなどの専門業者の端末を使用してリアルタイムの債券価格（これも正確に言えば参考値ではありません）を知ることができますが、使用料が高いので一般的な個人投資家が使用するのは不可能に近いと言えます。

債券価格をリアルタイムで得ることは難しい点に注意しましょう。現実的には、証券会社のネットページに載っている各銘柄の参考価格を見るか、担当者に都度問い合わせるか、このどちらかになるでしょう。

4-3 金利が下がったあとの再投資はどうすれば良いのか

金利が下がったあとは債券以外への再投資がお勧め

前述のように、債券投資をするタイミングに適しているのは、金利が高い時です。理由としては、高い利回りでロックしたまま満期まで保有できる、金利が下落すれば債券価格が上昇するので売買差益を狙えるという2つのメリットがあるからです。

それでは、実際に金利が下落し、債券を売却してキャピタルゲインを得たとして、その後の再投資はどうすれば良いのでしょうか。

再び債券に投資をしようと考える人もいると思います。しかし、**市場金利が下落する＝債券の利回りが低くなるということなので、金利が低い時の債券投資は、利回りの低い債券を保有することになり、投資効率が悪くなります。ストレートに言えば、市場金利が低い時は債券を買う意義は大きく薄れます。**

さらに、購入時に下落していた金利が、上昇に転換していけば債券価格は下落していくので、キャピタルゲイン狙いで投資した場合は売買差損となる可能性が高くなります。

つまり、金利が下落している状況では債券投資の魅力が薄まるため、債券に再投資をするのはお勧めできません（あえて言えば、信用リスクを取って劣後債などの低格付け債を買って、償還まで持ち切る戦略はなくはありません）。

それでは、金利低下時の再投資先ですが、選択肢の一つとして株式にドテン買いする方法があります。

ドテン買いの本来の意味は、ポジションの決済と同時に、反対のポジションを持つことを指します。ただ今回は、金利が下がったら債券を決済して利益を取り、債券投資から株式投資にシフトするという意味で使っています。

なぜ株式投資に再投資するのが良いかというと、債券価格と株価は一般的に逆相関の関係にあり、債券価格が上昇している局面は、株価が下落している可能性が高くなるからです。

つまり、金利が下落して債券価格が上昇する＝株価は下落する局面になり、株式を安価で買えるチャンスでもあるということです。金利が低下するということは、金融相場突入を意味することが多く、そういう意味でも株式はチャンスでしょう。

ただし、債券価格が上昇したからといって必ず株価が下落するとは限りません。あくまでも債券価格と株価は逆相関系になりやすい傾向があるということです。

いずれにせよ、金利が下がると債券の利回りは低下し、債券価格も上昇していくため、債券投資の魅力は薄まります。

結論として、**金利が下落している局面では、債券以外に投資する方がお勧め**です。ただし、良い投資先が見つからない時は「無理に投資せずに現金のまま保有する」という選択肢も考えましょう。金利低下でキャピタルゲインが取れたということは、向こうｘｘ年分のクーポンを先取りできたと言えなくもありません。先取りできたのであれば、無理に投資を実行せずに、良いタイミングが来るまで待つことも一つの選択肢です。再投資することは、マストの行為ではありません。その時々で最も経済的合理性が高いと思われる行動を取っていきましょう。

4-4

米国債がデフォルトする危険性はあるのか

米国債でも政治的要因によるデフォルト危機は起こる可能性はあり

債券は金融商品の中でも比較的リスクが低いとされています。その中でも国家が保証する国債は、国によってリスク度はまちまちですが、債券の中でも一番リスクが低いです。

ただし、**投資において絶対はありません。リスクが低い債券の中でもデフォルトの可能性はあります。**

国債の場合、発行体である国家がデフォルトにならなければ問題ありませんが、近年においてデフォルトになった国家もあるため、絶対安心というわけではありません。

例えば、デフォルトで有名な国はアルゼンチンです。２０２０年に事実上のデフォルトとなり、２０２２年にもデフォルトの危機となりました。ちなみにこれまでのアルゼンチンのデフォルト回数は９回です。

国や政府が発行しているから絶対に安全と考えるのではなく、**金融商品には常にリスクがあることを理解しておくことは大切**です。

全ての利回りの基準となっている米国債を考えてみましょう。超大国である米国が保証しているから安心と思っている人は多いかと思います。しかし、**米国がデフォルトする可能性は限りなく低いですが、決してゼロではありません。**

直近では、２０２３年６月に米国の債務上限問題が大きな話題になりました。米国の債務上限とは、米国政府が発行する国債の上限です。米国では、連邦政府が発行できる国債の総額は法律で定められており、その上限を超えてしまうと、新たに国債を発行できなくなる仕組みです。

債務上限以上の国債を発行する場合は、原則として議会で法案を成立させ、国債発行金額の上限を引き上げる必要があります。

もし、債務上限を引き上げられない場合、米連邦政府は国債を発行できないため財源を失い、国債の利払いはもちろん、社会インフラや社会保障、国防費に必要な支出ができなくなり、最終的にはデフォルトに陥る可能性が出てきます。

債務上限を引き上げるための法案を成立させるためには上院と下院の両方で承認を得る必要があり、過去に何度も債務上限の引き上げ問題が注目されましたが、基本的に全て合意されています。しかし、政治の世界にはさまざまな思惑があります。

２０２３年の米国議会は、上院は与党である民主党が過半数を獲得していますが、下院は野党の共和党が過半数のねじれ状態となっています。

つまり、債務上限を引き上げる法案を通すには与党である民主党が、下院で過半数を占めている共和党を納得させる必要があるということです。

民主党にも共和党にも政治的な思惑があり、特に下院と上院がねじれ状態になっている場合は、与野党間の駆け引きが激しく、法案が通りにくくなります。それが２０２３年の債務上限問題です。

過去の債務上限問題でも、債務上限を認める代わりに、野党側の要求を飲ませようという与野党間の攻防は起きており、最終的には両党が妥協して債務上限を認めるという形で法案は成立しています。

なお、２０２３年6月の米国の債務上限問題は、債務上限を引き上げる法案が可決し、事なきを得ました。しかし、債務上限問題は今後も起きる可能性は十分にあります。

率直に言うと、米国債がデフォルトする可能性は限りなく低いです。債務上限問題によるデフォルトの危険性もありますが、民主党も共和党も政治的な駆け引きはするものの、最終的に米国のことを考えて妥結する可能性は高いと考えられます。

万が一、デフォルトが起こったとしても、それはテクニカルデフォルト（発行体に支払い能力はあるがデフォルトになること）である可能性が極めて高く、「クーポン支払いがほんの少しだけ遅れる」くらいのレベルになると思われます。

ただし、ねじれ国会になった場合は、政治的駆け引きが強くなり、債務上限問題が起こりやすくなり、それに伴って相場が大きく動きやすくなるという点には注意しましょう。

例えば、2011年には債務上限問題により、大手格付け会社のS&Pが米国債の格付けをAAAからAA+に格下げしました。結果的に米国はデフォルトを回避しましたが、この時は大幅なドル安と世界同時株安が起こり、マーケットが大混乱となりました。俗に「米国債ショック」と呼ばれています。

2011年当時の市場の反応は次の図をご覧ください。短期的に、株価が大きく下落し

2011年当時の市場の反応

資産	名称	騰落率
株式	S&P500	▲16.7%
株式	ユーロストックス50	▲22.3%
株式	日経平均	▲10.8%
株式	MSCI新興国	▲17.8%
米国債利回り	2年債	▲0.21%
米国債利回り	5年債	▲0.59%
米国債利回り	10年債	▲0.86%

資産	名称	騰落率
通貨（対ドル）	日本円	2.1%
通貨（対ドル）	スイスフラン	12.2%
通貨（対ドル）	ユーロ	▲1.2%
商品	金（ゴールド）	11.3%
商品	原油	▲16.6%

※集計期間は2011年7月22日〜8月10日の3週間弱
参考：ゴールドマン・サックス

ていることが分かります。

そして、２０２３年の債務上限問題を受けて、今度はフィッチが米国の長期外貨建て格付けを最上級ＡＡＡからＡＡ＋に１段階引き下げました。

幸い、そこまで目立った株価の急落はありませんでしたが、この格下げ自体が米国債が１００％安心ではないことを物語っています。

米国の２大政党である民主党と共和党も米国債デフォルトの危険性を十分に把握していますが、政治的な問題が絡むため、債務上限問題が起こるという状態です。

基本的には、米国のデフォルトに対する過度な心配は必要ありません。米国債のデフォルトを恐れて投資しないというのは、交通事故に遭うのが嫌だから外出しないと言っているようなものです。ただし「２０１１年のように債務上限問題から米国債の格下げが起きて、マーケットが大荒れする可能性は常にある」ということは頭にいれておきましょう。

4-5

債券投資の疑問・質問

債券投資の疑問・質問に答えます

Q　債券とは何ですか？

A　お金を貸している証明書のようなものです。資金を調達したい国や地方自治体、企業が出資してもらう代わりに、お金を貸したことを証明する債券を発行して利子の支払いや元本返済を行います。

Q　債券は途中で売却することもできますか？

A　できます。債券投資は満期まで持っていないといけないイメージがありますが、途中で売却することもできます。すでに発行された債券は既発債と呼ばれ、流通市場で売買されています。債券価格が購入時よりも高い時に売却すれば売却益を狙えます。

Q　債券は投資商品でどのような位置づけなのでしょうか？

A　投資商品の中でもローリスク・ローリターンの商品です。株式はハイリスク・ハイリターンの代表的な投資商品ですが、債券はローリスク・ローリターンの代表例です（ただし中にはハイリスクな債券もありますので、事前によく確認することが重要です）。

Q　債券投資で確認するべきポイントについて教えてください

A　最低でも、発行体、格付け、利回り、償還日、通貨、最低購入金額、仕組みの有無の7つを確認することが大切です。

Q　債券のリスクにはどのようなものがありますか？

A　債券の発行元がデフォルトする信用リスク、債券価格が購入時よりも低下する価格変動リスク、売りたい時に売れない流動性リスク、為替の変動により為替差損となる為替リスクの４つが主にあります。

なお、満期まで保有する場合は価格変動リスクと流動性リスク、外貨建て債券を購入しない場合は為替リスクを心配する必要はありません。

Q　債券がデフォルトになる確率はあるのでしょうか？

A　ムーディーズの発表によると、ムーディーズが格付けを付与する日本の発行体の年間平均デフォルト率（１９９０年から２０２１年まで）は全発行体でわずか０・15％、投機的等級発行体で１・16％でした。ただし、これはあくまで日本の発行体限定のデータなので、それを割り引いて考える必要はありそうです。

Q　債券にはどのような種類があるのでしょうか？

A　米ドル建て債券の場合、米国政府が保証する米国債と企業が発行する社債に分けられます。社債はさらに、特別な仕組みがないシニア債、一般の債券よりも発行体のデフォルト時に弁済順位が低い期限付劣後債と永久劣後債、特別な仕組みが定められているCoCo債などがあります。

Q どうして金利が下がると債券価格は上昇するのでしょうか?

A 金利の低下により債券の利回りが低下するからです。例えば、現在の金利が3%で、債券の利回りも3%だとします。もし金利が2%に低下したら、新規に発行する債券の利回りは3%から下落します。そうなると、すでに発行されている利回り3%の債券の方が利回りが高くなるため投資魅力が高まり、買いたい人が多くなるので、債券価格は上昇するという理屈です。

反対に、金利が4%に上昇したら新規に発行される債券の利回りが高まるため、既存の利回り3%の債券は投資魅力が下がるので、債券価格は下落します。

Q 金利と景気の関係を教えてください

A 景気と金利には強い相関関係があります。景気が良いと消費や投資が活発となるため、お金を借りて消費や投資をしたいという人が増えるため、金利は上昇しやすくなります。

反対に、不景気になると消費や投資が縮小し、お金を借りて消費や投資をしたい人が減るため、金利は低下しやすくなります。

Q　債券に投資する方法を教えてください

A　個別銘柄と投資信託の２種類があります。個別銘柄は債券を直接購入しますが、投資信託は債券を直接購入するのではなく、債券を購入しているファンドに投資します。

Q　個別銘柄とETFのどちらがお勧めですか？

A　これは資産規模や投資目的次第なので一概には言えません。ただ、個別銘柄は新規発行債を償還期限まで保有していれば基本的に元本が返済されますし、既発債でも満期時にある程度の元本が返済されるので安心感があります。また、償還期限を長く取れるため、値上がり益を狙える可能性もあります。以上の２点から、個別銘柄が債券投資の王道であるとは思います。

Q　お勧めの個別債券を教えてください

A　これも資産規模や投資目的次第なので一概には言えません。ただ個人的には、AAやAAAのような高い格付けの長期債に投資妙味を感じます。したがって、あえて言うと、お勧めは「高格付けの長期債」でしょうか。

Q　なぜ格付けが高い長期債がお勧めなのでしょうか？

A　利子によるインカムゲインだけでなく、値上がり益も期待できるためです。金利が下落すると債券価格は上昇しますが、債券は残存期間の長い方が債券価格のボラティリティが高い特性があります。

つまり、残存期間が長いほどより大きい値上がりを期待できるということです。

また、格付けが高い債券ほど金利変動によるボラティリティが大きくなりやすいです。

この2つの理由から、格付けが高い長期債をお勧めしています。

Q　値上がり益を期待して債券を購入したいのですが、もし金利が低下しなくて、

A　債券価格が上昇しない場合はどうすれば良いのでしょうか？

基本的には金利が下がるまで持ちましょう。極論、償還まで持ち切ればある程度のお金は返ってくるため、仮に金利が上昇して債券価格が下がったとしても大きな損失となる可能性は低いです。格付けの高い債券であればデフォルトする可能性も低いので、インカムゲインを受け取りながら、金利低下を持ち続けるのが基本戦略です。ただし、明らかに株式などの他資産に投資したほうが期待値が高い場合は、思い切って入れ替えることも検討したいところです。

Q　国債と社債はどちらが良いのでしょうか？

A　社債の内容によって異なります。例えば、格付けがＡＡで利回りが４％の社債と、格付けがＢＢで利回りが10％の利回りの社債を同じと考えてはいけません。そのため、一概には何とも言えませんが、単純に社債のほうが利回りが高いため、個人的には社債の方が有利であるケースが多いのではないかと思っています。

Q　ゼロクーポン債の魅力と注意点を教えてください

A　ゼロクーポン債とは毎年の利金であるクーポンが出ない債券です。利金が出ない代わりに債券価格が安く、値上がり益を待つ投資方法です。

ゼロクーポン債は価格が金利変動にキレイに反応しやすいという特性があります。

一方で、キャピタルゲイン狙いになるため、債券価格が下落してしまえば、損失が大きくなってしまう可能性もあります。また、インカムゲインが全く出ないことも人によってはデメリットに感じるでしょう。

Q　債券はどこで購入できますか？

A　大きく分けて、①ネット証券で購入、②対面型証券会社やＩＦＡの担当者経由、③プライベートバンクの３点が挙げられます。それぞれメリットとデメリットが異なりますので、自分に合った方法を選ぶようにしましょう。

Q　債券の税金はどうなっているのでしょうか？

A 原則として、20％課税です。利息が支払われる利付債はインカムゲインとキャピタルゲインの両方ともそれぞれ20％課税になります。
また、外国株式の場合は二重課税制度ですが、米国債券は日本のみの課税です。
イメージとしては、債券投資で出た利益には２割の税金が発生するということです。

Q 債券を取引する際の手数料の目安はどのくらいですか？

A 債券の手数料（正確にはスプレッド）は原則として購入時と売却時に発生します。
ただし、手数料の額は証券会社やＩＦＡごとに異なり、ブラックボックスとなっているため詳細は分かりませんが、一般的には購入単価の１％～５％とされています。残存期間が長い債券ほど手数料は大きくなります。

Q 外国債券を購入する場合、円高によって為替差損が大きくなりそうで心配です

A 円高になれば為替差損となりますが、長期債であれば為替よりも債券価格のボラティリティの方が大きくなるので、キャピタルゲインを得られる状況であれば、マイナスにならないと思います。

例えば、為替で10％の損が出ても、売買益で30％勝てばトータルで20％の利益になるので問題ないという計算です。

Q　債券を売るタイミングを教えてください

A　金利が一定の水準を下回ったら売る、単価の含み益が○％を超えたら売る、ＦＲＢが利下げをしたら売るといった目安を想定しておくことが大切です。

第 5 章

雪だるま式に資産増加！

インカムゲインの再投資

5-1

資産形成の大きな味方「複利効果」

複利運用をすると長期になればなるほどリターンが大きくなる可能性がある

債券投資で得たインカムゲインを再投資していく複利運用をすると、リターンがより大きくなる可能性が高まります。

複利効果とは、投資で得た利益を元本にプラスしながら運用する投資方法です。利益を再投資することにより、利益が膨らんでいくことが期待できます。

複利の反対が単利です。単利は、投資元本だけで運用を続ける方法のことです。複利とは異なり、投資で得た利益は受け取るだけで、投資には使いません。

複利効果は雪玉に例えられることが多いです。雪玉を元本、雪玉を転がした時にくっついてくる雪が投資で得たリターンというイメージです。

雪玉を転がせば転がすほど、雪玉は大きくなっていきます。

それと同じように、投資で得たリターンを元本に組み込んで運用していくことで、利益が膨らんでいく仕組みです。

例えば、１０００万円で利回りが税引後５％の運用をしたとします。１年目は１０００万円の５％なので、50万円のインカムゲインが入ります。

２年目は元本に１年目の利益をプラスするので、運用金額は元本の１０００万円に50万円をプラスした１０５０万円です。

２年目の利益は１０５０万円の５％の52・５万円となり、１年目よりも増えます。

３年目の運用額は、１０５０万円に52・５万円をプラスした１１０２・５万円になります。３年目の利益は55・１２５万円になります。

３年間の利益を合計すると、50万円＋52・５万円＋55・１２５万円＝１５７万６２５０円になります。

同じ条件で単利運用した場合は、元本である１０００万円の５％である50万円の利益が続きます。１年目は50万円、２年目も50万円、３年目も50万円になります。

3年間の利益を合計すると、50万円＋50万円＋50万円＝150万円です。

3年間の利益の合計を見ると、複利では利益合計が157万6250円になっていますが、単利では150万円と、約7万6000円の差があります。3年間でこれほどの差が出ました。

複利と単利を比較した場合、複利の利益は年を重ねるごとに増えています。つまり、**複利で運用した方が長期になるほどリターンも大きくなります。**

特に債券投資だと、利付債を購入すれば利息が毎年支払われます。例えば、利率5％の債券を1億円分購入すれば、500万円の利息がインカムゲインとなります。20％の税金を払うと、手残りは400万円です。

この400万円を再投資する複利運用をすれば、さらに大きなリターンを得られるということです。なお、複利効果を最大限活用するためには、債券の利金のように強制的に課税されてしまうものではなく、株式インデックスファンドのようにリターンが課税なしで再投資されるほうが良いのですが、これは債券の性質上仕方のないことです。

再投資先は債券でもいいですし、株式や投資信託、不動産などの他の投資商品に投資する方法もあります。

ただし、複利は必ず利益が増えていくわけではない点に注意しましょう。

リーマンショックやコロナショックのような株価急落局面が来たら含み損が出る可能性もありますし、場合によってはそれまでに積み重ねてきた利益を全て失ってしまう可能性もあります。

債券投資は比較的リスクが低いですが、株式投資や投資信託などに再投資をする場合は、元本割れリスクがあることも理解しておきましょう。

複利運用は長期になればなるほど効果が大きくなります。つまり、早ければ早いほど良いということです。

複利の効果はすぐに資産を何倍にも増やせるわけではありませんが、時間をかけてインカムゲインを再投資していくことで、雪だるま式に資産は増えていきます。

特に債券投資のような一定の利金が入る運用ならメリットは大きいので、ぜひ複利運用で資産形成をしましょう。実はこの「債券のインカムゲインで株式のようなハイリスク資産を（ドルコスト平均法のようなイメージで）定期的に買っていく」ことは、富裕層の債

再投資による複利効果によってより大きなリターンが期待できる

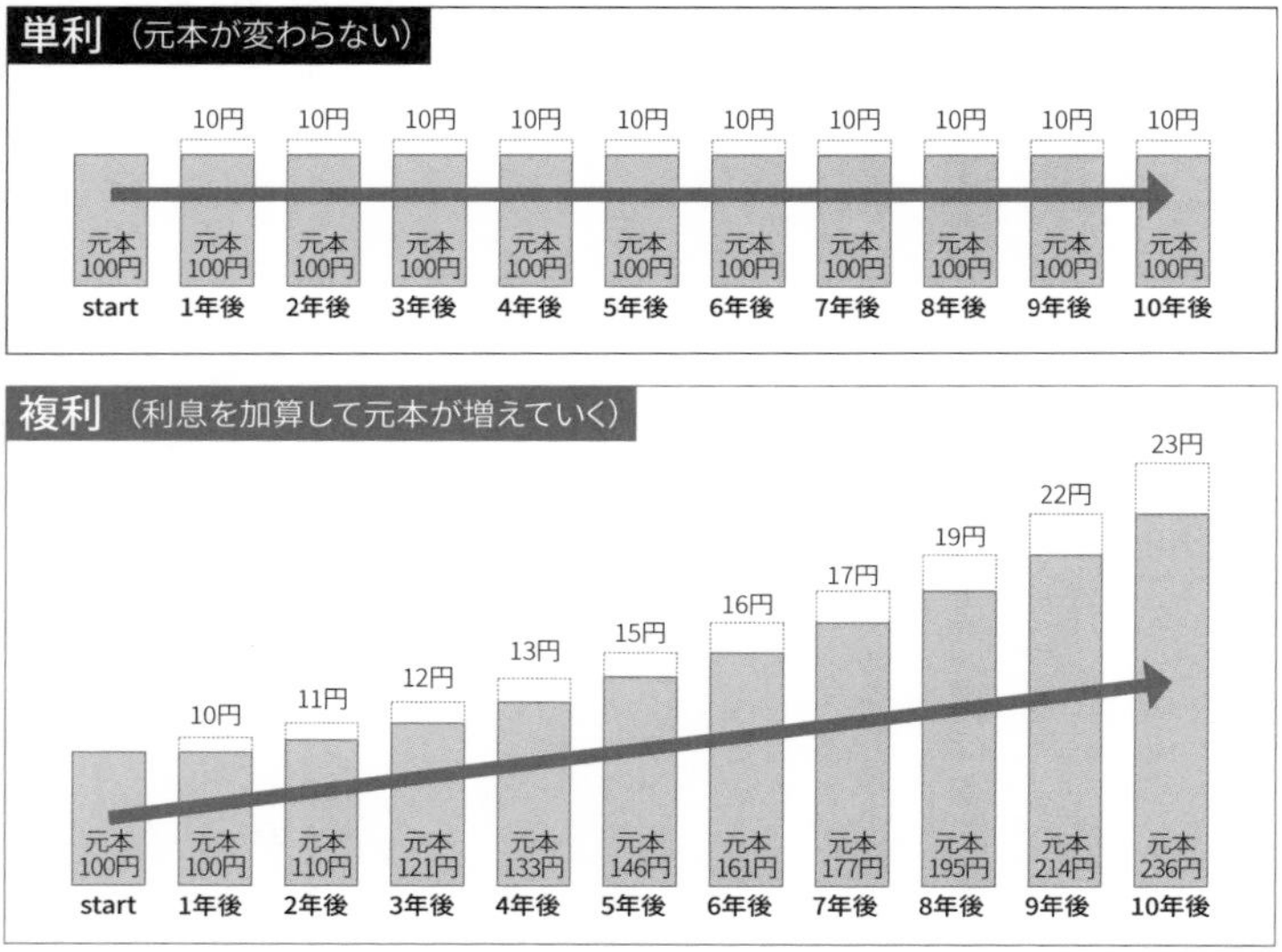

出典：断捨リノベ「【わかりやすく解説】複利とは？デメリット・計算・効果・投資商品などまとめました！」掲載の図を元に作成（https://fpbranding.co.jp/magazine）

券投資の現場でもよく活用される手段です。複利効果を高めるだけではなく、いわゆる「コア・サテライト戦略」になるので、積極的に活用していきましょう。

5-2

再投資の選択肢①

再び債券を買う

金利が高い状況なら債券に再投資する選択肢もあり

債券投資で得たインカムゲインの再投資先の候補ですが、**金利が高い状況が続いているのなら、再び債券を購入するのもあり**だと思います。

この本では米ドル建て債券の購入をお勧めしてきたので、米ドル建ての債券への再投資について解説します。米ドル建て債券に再投資する条件としては、米国の市場金利が高い状態であることが条件です。

もし米国の市場金利が下落しているのであれば、米ドル建て債券への再投資は止めた方が良いと思われます。

私が米ドル建て債券をお勧めしている最大の理由は、２０２３年９月現在の米国の市場金利がリーマンショック後としては最高水準で推移しているからです。

金利が高い時に債券投資をすると、①高い利回りでロックできる、②値上がり益を狙えるという2つのメリットがあります。

株式投資よりも低リスクでありながら、**株式投資と同等以上のインカムゲインと、金利の低下によるキャピタルゲインの二刀流を狙えるので、米国の金利が高い状況が続いているなら、再投資先に米ドル建て債券を選ぶのは理にかなっています**（もちろん資産形成層であれば、株式をドルコスト平均法で毎月積立していくのが王道です）。

一方で、米国の市場金利が下落してしまうと、米ドル建て債券の利回りも低下します。利回りが低い時に債券を購入すれば、償還までその低い水準の利回りで固定されてしまいます。

例えば、利回りが2％の米ドル建て債券を購入した場合、償還期限まで2％の利回りで保有することになります。もし、償還までに米国の市場金利が上昇し、利回りが4％の米ドル建て債券が出たとしても、保有している債券は2％の利回りのままです。

つまり、他に利回りの良い米ドル建て債券がある中で、低い利回りの証券を保有し続けることになるデメリットがあります。

さらに、債券価格は金利が低下すれば上昇しやすくなります。そのため、金利が低下している時期に債券を購入すると、高値掴みになる可能性があります。金利が上昇してきたので売却して利回りの高い債券に乗り換えようとしたら、購入時よりも債券価格が下落していて売買差損が発生してしまうかもしれません。

つまり、利回りやクーポン利率が低下しており、さらに金利が上昇していくと値下がり損が出る可能性がある状況でわざわざ債券投資をするのは、投資効率を考えると意味がないと言えます。

あえて言えば、信用リスクを取って劣後債のような低格付け債（ハイイールド債）に投資するのはありですが、基本的に債券への再投資は金利が高い時期にするべきで、金利が下がったら他の投資商品に再投資した方が良いでしょう。

この金利変動リスクをなるべく低くするための債券投資の一つが「ラダー運用」です。**ラダー運用とは、債券のポートフォリオを構築する際に、短期債から長期債まで、残存期間の異なる債券に、ほぼ同額ずつ投資するポートフォリオを指します。**

例えば、投資元本は1億円として、

・残存5年の銘柄Aに2000万円
・残存10年の銘柄Bに2000万円
・残存15年の銘柄Cに2000万円
・残存20年の銘柄Dに2000万円
・残存25年の銘柄Eに2000万円

に投資するイメージです（残存期間は必ずしも等間隔にする必要はありません）。ラダー運用という名称は、**債券の残存期間と投資額をグラフにした時に「梯子（ladder）」を横にしたような形状をしていることに由来します。**

このラダー運用は、なぜ金利変動リスクを下げることができるのでしょうか。結論としては、**一番残存期間が短い銘柄が償還したら、思考停止で長期債に再投資をすることが前提のため**です。その後も、一番残存期間が短い銘柄が償還したら、思考停止で長期債に再投資をしていきます。これを半永久的に続ければ、常にラダー型ポートフォリオが維持されるので、長期間運用すれば、金利変動の影響を平準化できるのです。

ただ、ラダー運用は基本的に大きな額（例えば10億円など）で安定的に債券運用したい

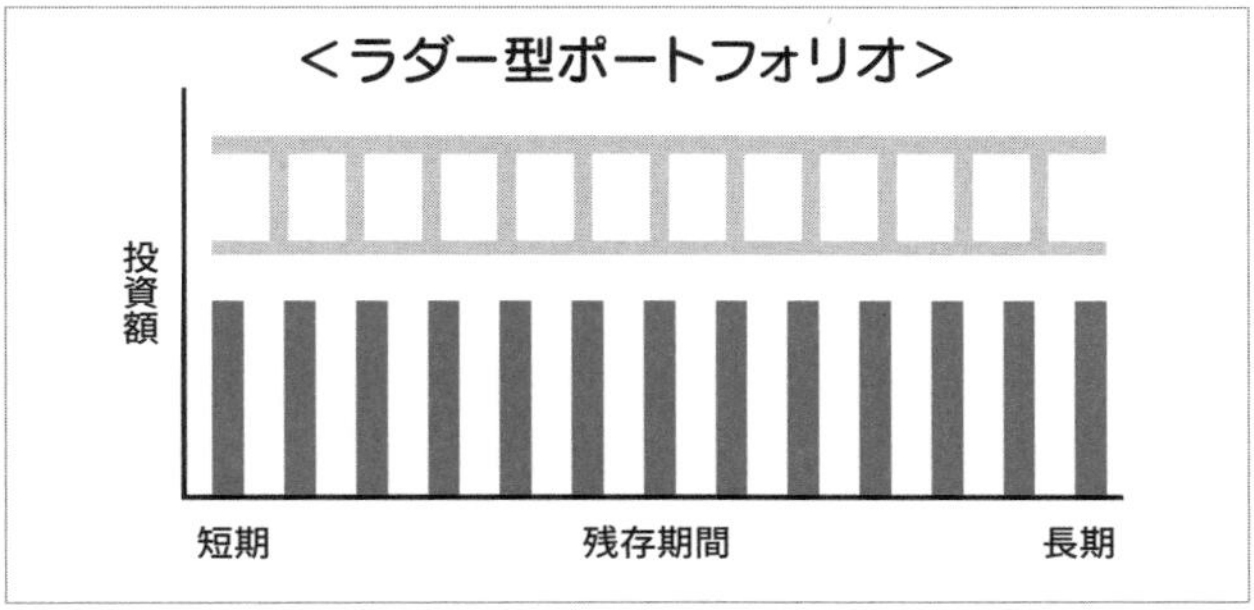

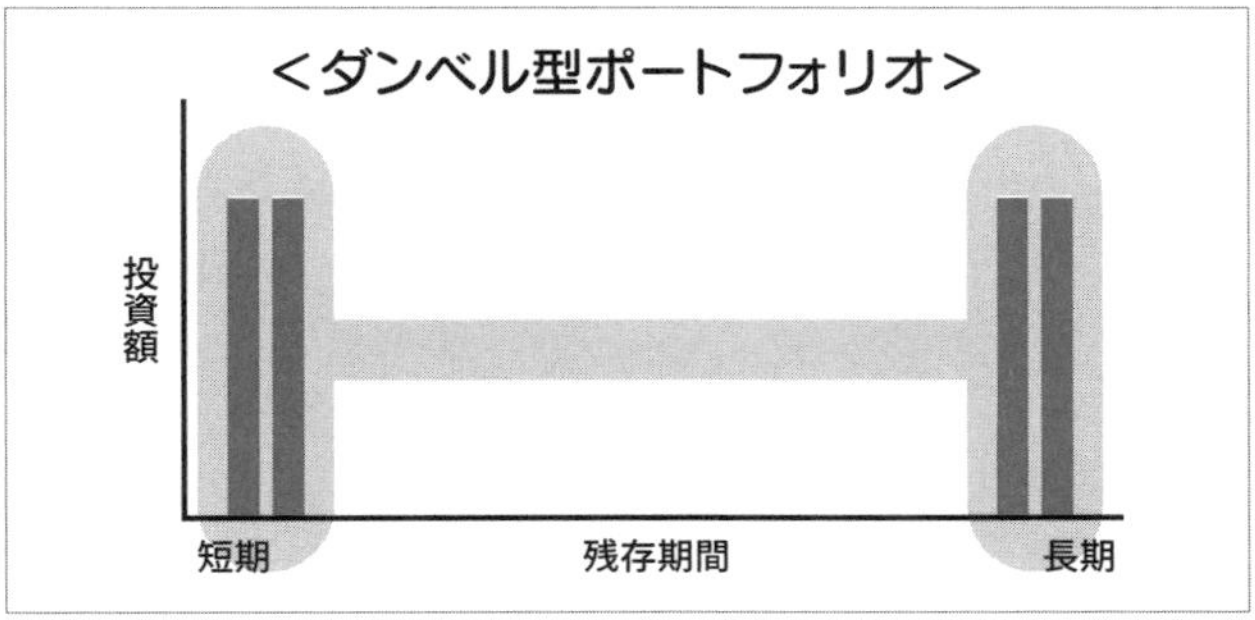

富裕層が行う手法なので、一般個人投資家は「長期債の中に短期債を少し混ぜておく」くらいで良いと思います。

なお、短期債と長期債を50：50で保有する戦略を「バーベル運用」もしくは「ダンベル運用」と言います。債券の残存期間と投資額をグラフにした時に、ダンベルに似ているためです。

5-3

再投資の選択肢②

債券以外のインカムゲイン型資産を買う

インカムゲインを狙うなら、高配当株やＲＥＩＴも選択肢になりえる

金利が低下して債券の利率が下がってしまうと債券投資のメリットが薄くなるため、インカムゲイン狙いで債券投資をしている場合は、**他のインカムゲイン型資産に投資する方がお勧めです。**

その場合の選択肢は、株式投資で高配当銘柄を購入する方法が王道だと思います（あくまで「インカムゲイン狙い」の場合です）。

株式投資でも債券投資と同じように、配当によるインカムゲインを得られます。全ての銘柄が配当金を出しているわけではありませんが、三菱商事やソフトバンク、ＮＴＴのような誰でも知っているような大企業も配当を出しています。米国株も同様に高配当銘柄は数多くありますし、ＶＹＭのような複数の高配当銘柄をパッケージ化したＥＴＦを活用する選択肢もあります。数字が高ければ良いと言うわけではないですが、**配当利回りが5％～6％の銘柄もあります。**配当利回りとは、株価に対してどれだけの配当を受けることができるかを示す数値です。例えば、株価が１０００円の時に配当利回りが５％の場合、１株あたり50円の配当が出ているということです。

金利が低下している状況だと債券の利率は低下するため、株式投資で高配当銘柄を購入する方が大きなインカムゲインを期待できる場合もあるでしょう。また、株式投資の場合、値上がり益を狙うチャンスもあります。割安の高配当銘柄を購入し、株価が上がれば配当金＋値上がり益で一挙両得になります。

ただし、必ずしも株価が上がるわけではありません。購入時よりも株価が下落すれば値下がり損となり、配当金以上の損失が出てしまうケースもあります。また、企業業績によっては無配になるリスクもあります。

株式投資は債券投資とは異なり、期待しているリターンを確実に得られない可能性があることに注意しましょう株式投資以外でキャピタルゲインを狙う場合、ＲＥＩＴも選択肢の一つになります。

ＲＥＩＴとは不動産投資信託のことで、名前の通り、ホテルやオフィスビル、マンションといった不動産を中心に運用する投資信託です。投資家から資金を集めて不動産に投資し、家賃収入や売却益などを分配金として投資家に還元する仕組みです。ＲＥＩＴは証券取引所に上場しているので、ネット証券から購入可能です。

ＲＥＩＴには分配金利回りが高いという特徴があります。この理由として、ＲＥＩＴは運用している不動産の賃料収入が分配金の源泉利益になっていることが挙げられます。つまり、借主がいる限り、安定した収入源があるということです。

そして、ＲＥＩＴは利益の90％超を投資家に分配するなどの条件を満たすことで税金が免除されます。つまり、無税となった利益の大部分を投資家に分配するので、高い利回りが実現できます。

分配金利回りが高いので、インカムゲイン狙いの投資家はＲＥＩＴも選択肢に入ります。配当利回りが４％～５％のＲＥＩＴも多く、債券の利率が低下している状況なら悪くない選択肢と考えられます（もちろん日本の不動産市況に対して一定以上の強気であることが前提になります）。

ＲＥＩＴは不動産投資とは異なり、数万円～数十万円から投資可能です。六本木ヒルズなど一般の個人投資家が投資できないような物件でも投資信託を通じて投資できるメリットもあります。

ただし、ＲＥＩＴも株式と同じように価格が変動しているので、購入時よりも価格が下落して損失になるリスクがあります。その他にも投資法人の破綻や上場廃止、分配金の減額などもありえます。リスクはしっかりと把握しておきましょう。

また、資産に余裕があるなら現物不動産に投資する選択肢もあります。ＲＥＩＴとは違って投資資金が大きいので、借り入れすることになると思いますが、借主がいるなら安定して家賃収入を得られる点は大きなメリットです。

金利低下時にインカムゲインを狙うなら、債券よりもリターンを期待できる高配当銘柄やＲＥＩＴに投資した方が投資効率は良いと考えられます。ただし、株式の王道はキャピタルゲインを狙うことであり、税負担の観点からもキャピタルゲインのほうが投資効率的に優れていることは抑えておきましょう。

5-4

再投資の選択肢③

キャピタルゲイン重視の株式を買う

債券投資の利金で株式に投資する「コア・サテライト運用」が有効

債券投資で得たインカムゲインの使い方には様々な選択肢がありますが、**個人的にはキャピタルゲイン狙いの株式を購入するコア・サテライト戦略が非常に有効**だと思います。

コア・サテライト戦略とは、安定的な運用を行うコア（中核）と、積極的にリターンを狙うサテライト（衛星）の2つに分けて運用する手法です。

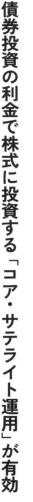

中心となるコアの部分には、**比較的リスクが低く、中長期で安定した運用ができる金融商品を据えます。**

リターンが少ない代わりに、資産価値が大きく減少するリスクが低い投資商品が適しています。イメージとしては守りの運用です。

金融商品の中でもリスクが低い債券はコアに据えるのがお勧めです。債券は基本的に発行体がデフォルトしない限り、満期になれば元本が返済されますし、仮に債券価格が購入時よりも下落したとしても、満期時には単価100に戻り、最終的に一定の金額は返済されるため、投資資金を大きく毀損する恐れも少ないからです。

そして、利付債なら毎年にわたって利金を得られるので、利金をサテライトに回せるというメリットもあります。

例えば、クーポン利率が5％の債券を1億円分購入すれば、毎年の利金は500万円です。この500万円をサテライトとして、リターンを狙っていくという方法が有効です。

これらのメリットから、債券はコア・サテライト戦略のコアに充てるに適している金融商品と言えます。

一方のサテライトの部分では、**コアよりもリスクを取って大きなリターンを狙う運用をします。いわゆる攻めの運用です。**

サテライトとして投資する銘柄でよくあるのが、ドルコスト平均法のように、入ってきた利金を思考停止でインデックスファンドに投資していく手法です。例えば、債券投資で得た利金でS&P500と連動するインデックスファンドを購入していくなどです。この方法であれば、ある程度の時間分散が効くため、株式の変動リスクを抑えることが可能です。

S&P500とはS&Pダウ・ジョーンズ・インデックス社が算出している株価指数で、アップルやマイクロソフト、Amazonなど、米国を代表する約500社で構成されています。つまり、S&P500に投資すれば、米国を代表する約500社に分散投資できるということです。

そして、S&P500の特徴として、株価が右肩上がりに上昇している点があります。P198のチャートはS&P500の過去20年の価格推移ですが、基本的に右肩上がりで上昇を続けており、高いパフォーマンスを出しています。10年前の2013年は1600ドル～1700ドルで推移していましたが、2023年7月は約4500ドルまで上昇しており、約2・5倍になっています。

今後も米国経済は成長していくと考えられるため、S&P500に連動するインデックスやETFを長期で保有しておくと、大きなリターンを期待できるはずです。

さらに言えば、利金が入ってくる度に思考停止でS&P500を買っていけば、購入時期を分散できることになり、ドルコスト平均法と同じような効果が期待できます。時間分散も万能ではありませんが、長期的に右肩上がりになる資産を対象にすれば、勝つ確率はかなり上がるはずです。

もちろん、将来的にも上昇していく保証はありませんが、超大国である米国の経済や人口、軍事力を考慮すると、S&P 500は今後も上昇を続けていく可能性が高いと考えています。

つまり、**コアの部分にした債券投資から毎年のインカムゲインを、サテライトに据えたS&P 500に再投資すると、中長期的に資産が増えていく可能性が高い**ということです。

もちろん、サテライトに据えるのはS&P 500やインデックスファンドではなく、他の米国株指数や世界株（オールカントリーなど）のインデックスファンドでも問題ありません。さらに言えば、インデックスファンドではなく個別株でも問題ありません。これからインドが伸びると思ってインド株を買う人もいますし、これからは宇宙ビジネスが伸びると思って宇宙関連銘柄を買う人もいます。

なお、コア・サテライト戦略で、コアとサテライトの割合をどうすれば良いか悩む人も多いかと思います。一般的な目安としては、コアを運用資産の70～80％、サテライトは20

～30％で運用するのが良いとされています。

ただし、明確にこの割合が良いと決まっているわけではありません。例えば、コアを60％、サテライトを40％にして積極的にリターンを狙っていくのも良いと思います。

コア・サテライト戦略の目的は、資産が減るリスクをできるだけ抑えることです。一つの金融商品だけに集中投資をしてしまうと、その商品の価値が下落した時に、資産が大きく失われてしまうリスクがあります。

サテライトとして、投資先を分散させることによって、一つのサテライトが下落したとしても、コアや他のサテライトで補うことができます。リスクを分散しながら、安定的な収益を期待することができるメリットがあります。

それを踏まえると、**比較的リスクの低い債券をコアに据え、債券のインカムゲインでサテライトを運用するのは、非常にバランスが取れているので、お勧めです。**

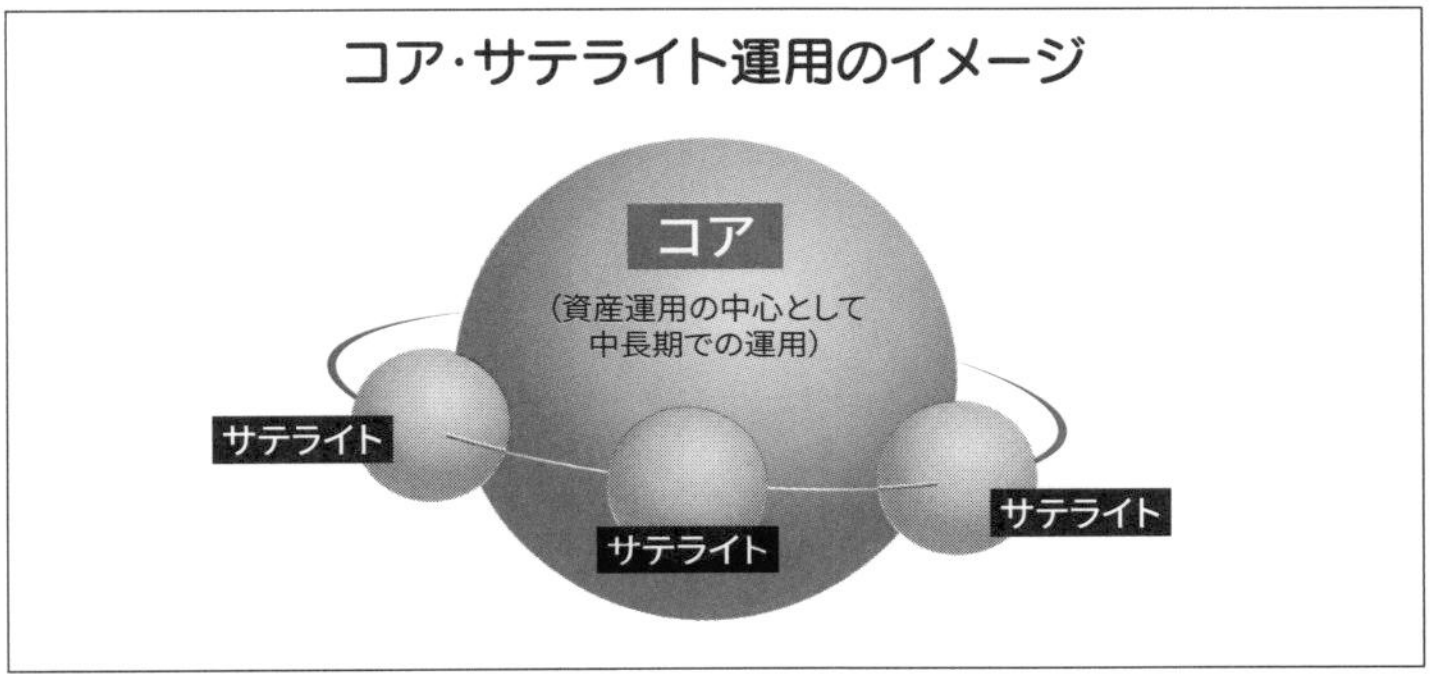

チャート　過去20年間のS＆P500は右肩上がりに上昇

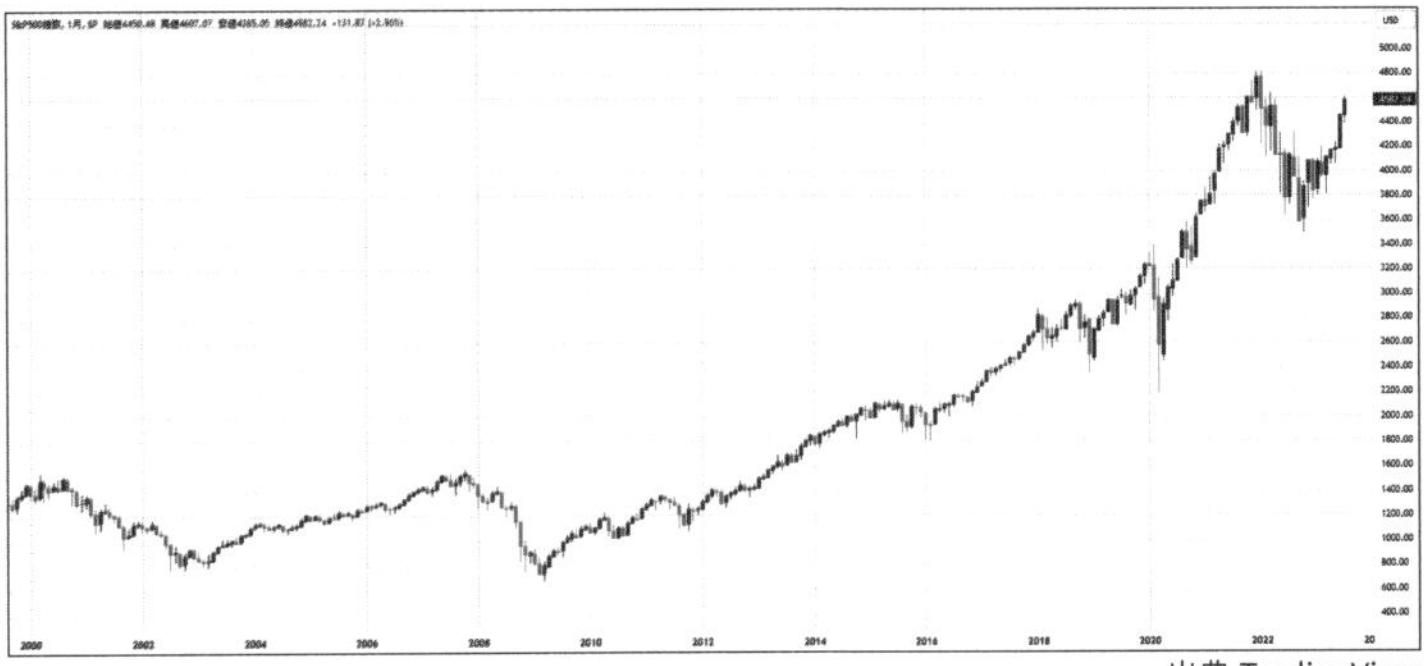

出典:TradingView
※2023年7月31日時点のチャート

2003年から2023年の20年間におけるS＆P500の月足チャートです。2008年のリーマンショック時に800ドルを下回りましたが、2023年7月時点では約4500ドルと15年間で約5.5倍になっています。米国を代表する企業500社で構成されているため、米国経済が堅調なら右肩上がりを続けていくと思われます。

5-5

再投資の選択肢④

自己投資に充てる

自己投資で人的資本を高めることも重要なお金の使い方

投資先を金融商品だけに限定するのではなく、自分自身にお金を使うのも重要な投資です。

これは贅沢をするとか、意識が高い系の話ではなく、第1章でも解説した自己投資をして**無形資産である「人的資本」を高めていく**という話です。

私は常々「資産形成のセンターピンは労働収入である」と言っています。言い換えると、**資産形成をするなら、まずは本業での収入を伸ばすことが重要**だと思っています。

例えば、サラリーマンなら給与収入やボーナスを増やすためにスキルを磨いたり、資格を取ったりするということです。

なぜ本業での収入を増やした方が良いのかというと、次の図のように、本業の収入が多

資産形成には複数馬力を走らせる

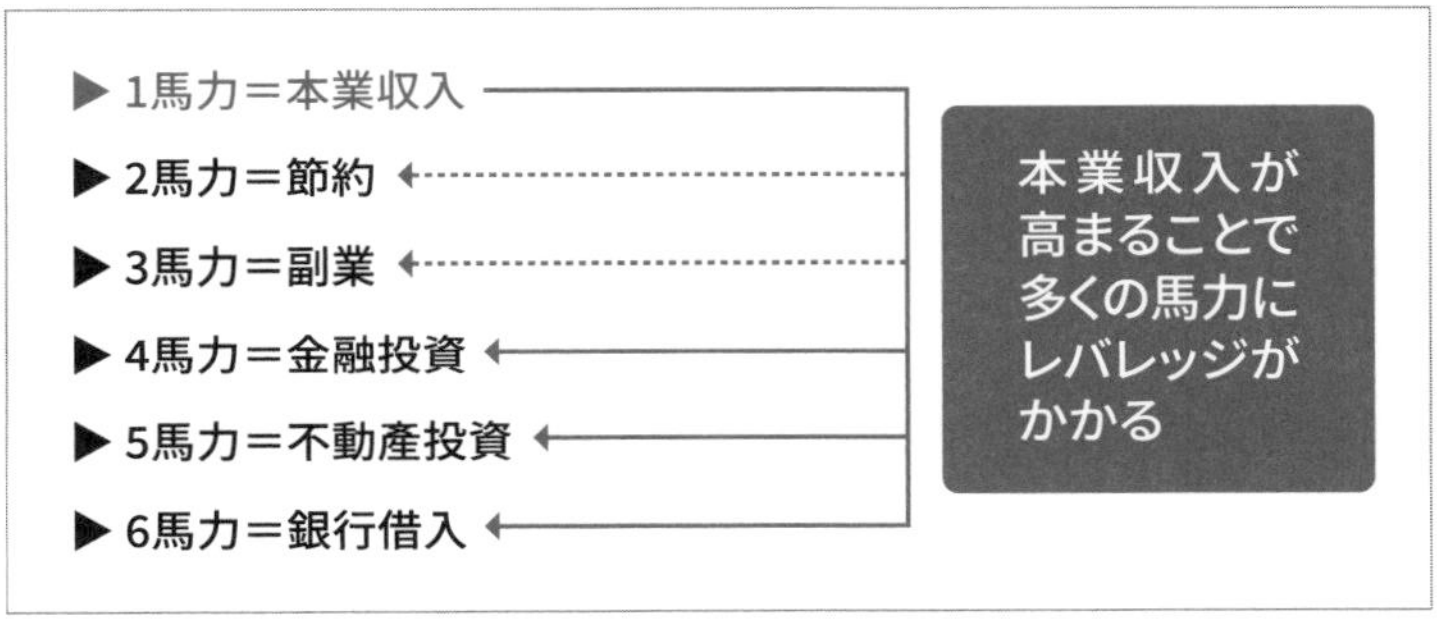

くの資産形成の要素（馬力）にレバレッジをかけるからです。

分かりやすいのは投資資金の源泉になることでしょう。

例えば、年収１０００万円と年収３００万円を比較した場合、一般的には年収１０００万円の方が投資に使える資金が大きく、さらに金融機関の評価が高いので、借り入れをしやすいというメリットがあります。収入が大きい人ほど、資産形成をするための手段が広がります。

手元に5億や10億の資産があるなら債券などの金融商品に投資して資産運用をした方が効率は良いですが、そんなに資産を持っていない人の方が多いと思います。

特に、**これから資産を築こうと考えている20代～30代の資産形成層の人なら、まずは自分の稼ぐ能力を高めることが一番大切です。**資産運用の本でこのように言うのは大変恐縮ですが、その稼ぐ能力を高めるために、本業に関するスキルを伸ばせる自己投資をしていきましょう。

そして、本業だけでなく、金融スキルを磨くことも重要です。金融スキルがあると投資で成功する確率や、節税や社会保険料の合法的な減額ができるかもしれないので、資産形成が上手くいく可能性も高まります（この本を手にとって金融の勉強をしていることも素晴らしい人的資本の強化だと思います！）。

お金に関する知識は投資だけでなく、生きていくうえで非常に役に立つので、投資する価値は大きいです。

私が自己投資を行った事例を紹介します。

私は「元証券マンの誰でもできる貯金の話」というYouTubeチャンネルを開設していますが、年間２００万円を支払ってYouTubeの視聴者を伸ばすコンサルティングを受け、実際にチャンネル開設して1年4か月で登録者10万人を達成しました。その後もおかげさまで順調にチャンネルは大きくなっています。

実は、もともとは我流で別のYouTubeチャンネルを運営していたのですが、そちらはあまり伸びませんでした。そこで、２０２１年の年末に一念発起して、年間２００万円というYouTubeコンサルを受けました。そのコンサルを受けてから、現在の「元証券マンの誰でもできる貯金の話」でチャンネルを新規作成し、２０２２年3月に１本目の動画を投稿したわけです。

少なくとも私にとっては、年間２００万円は非常に大きい金額なので一大決心でしたが、YouTube経由で多くの運用相談を頂けるようになり、このように本を出版することもできました。もちろん、YouTubeが伸びたのはコンサルのおかげだけではなく、私自身の能力や努力があったことは否めませんが、あのとき２００万円の自己投資を決断して本当に良かったと思います。２００万円もの大金を投じたからこそ「何とか回収しなくては」とコミットできた部分もあります。

投資と聞くと、株式や投資信託、債券投資などが思い浮かぶかもしれませんが、投資先には自分自身も含まれます。

繰り返しになりますが、**資産形成をするうえで、稼ぐ力となる無形資産を自己投資で向上させていくことは非常に大切です。むしろ資産形成層のうちは、金融投資や不動産投資にお金を使うよりも、人的資本の強化にお金を使った方が利回りが高いことが多いはずです。**

あくまでも投資なので、必ず効果が出るとは言えませんが、ぜひ自分にお金を使い、人的資本を高めていきましょう。

さまざまな自己投資をして稼ぐ力を身に付けよう

 スキルアップ	仕事に必要なスキルを磨いていくことが自己投資の基本です。新しい資格を獲得するためにスクールに通う、既存のスキルをブラッシュアップするために有料の講座を受講するなどでスキルを高めていき、収入を上げていくことが資産形成の第一歩です。
 健康促進	身体は第一の資本です。何をしようにも健康でないと、選択肢がなくなってしまいます。ジムに通ったりランニングなどのスポーツをして運動不足を解消、人間ドックで病気の早期発見、バランスの良い食事など、健康を保つためにお金を使うのは重要です。
 人脈作り	人間関係を広げることで、違った観点からの意見や新たな発見ができる可能性が上がります。コミュニティやセミナーに参加したり、ビジネスマッチングを活用することで普段は会わないような人との関係を構築していくことも自己投資として大切です。
 知識やノウハウの蓄積	仕事や日常生活、そして資産形成に役立つ知識を身に付けることも大切です。例えば、本を読んでお金に関する知識を身に付けることで投資が上手くいく可能性は上がりますし、節税などで資産形成にも役立つかもしれません。僭越ながらこの本を読むのも自己投資の一つです。
 体験や経験を増やす	知らないことにチャレンジしてみたり、知らない場所に旅行に行くことで新たな体験や経験をしてみるのも自己投資です。普段とは異なる環境に身を置くことで、新しい発見があるかもしれません。

おわりに

ここまでお読み頂き、誠にありがとうございました。

債券は多くの個人投資家にとって「とっつきづらいもの」「よく分からないもの」と感じる対象（アセットクラス）かと思います。

しかし、実は債券市場（時価総額）は株式市場よりも大きく、そして現在は15年ぶりの高金利環境ですので、「よく分からないから」という理由で、債券を運用の選択肢から外してしまうのは大変もったいないことだと思います。

本書が少しでもあなたの資産管理のお役に立てたのであれば幸いです。

私は「元証券マンの誰でもできる貯金の話」というYouTubeチャンネルを運営しており、債券投資を含めて、資産管理に関する様々な発信をしています。

おかげさまでチャンネル登録者は運営開始16か月で10万人を超えました。

手前味噌ながら、金融系YouTubeチャンネルの中ではかなり早い方のようです。

実は本書でもっと専門的なことや債券以外のことについても触れたかったのですが、文字数制限の関係などから泣く泣くカットしました。

「本書がある程度参考になった」とお感じの方は、ぜひ一度、YouTubeチャンネルもご覧頂けますと大変幸いです。

個別相談も承っておりますので、ご希望の方は「ようへい公式LINE」よりご連絡ください。ようへい公式LINEの登録導線はYouTubeチャンネルの概要欄にございます。

あえて本書には公式LINEの登録用のＱＲコードを載せませんので、ご興味あれば、そちらからご登録ください。

最後に、この書籍を出版する機会を与えてくださった株式会社ＫＡＤＯＫＡＷＡ様、編集作業にご尽力頂いた五十嵐恭平様、本書が書店に並ぶまでご協力・ご尽力頂きました皆様、そして日々私の発信をご覧頂いている10万人以上のYouTubeチャンネルご登録者様に、この場を借りて心より感謝申し上げます。

またお会いしましょう！

ようへい

２０２３年10月

ようへい
独立系ファイナンシャル・プランナー。個人の資産運用を本業にして10年以上が経ち、これまで1000名以上の家計管理に対応。特に純資産数億円～数十億円の富裕層を数多く担当している。元証券マンで株式投資歴14年／不動産投資歴8年の個人投資家でもある。30代前半で純資産4000万円を達成。プライマリープライベートバンカー資格保有。金融系YouTubeチャンネル「元証券マンの誰でもできる貯金の話」は開始1年4か月で登録者10万人を突破。

元証券《もとしょうけん》マンが教《おし》える　利回《りまわ》り18.5%を実現《じつげん》する米国債投資《べいこくさいとうし》

2023年10月20日　初版発行
2024年 6月10日　再版発行

著者／ようへい

発行者／山下　直久

発行／株式会社KADOKAWA
〒102-8177　東京都千代田区富士見2-13-3
電話 0570-002-301（ナビダイヤル）

印刷所／大日本印刷株式会社

製本所／大日本印刷株式会社

ISBN 978-4-04-606475-2　C0033